沢木 文

Aya Sawaki

沼にはまる人々

ポプラ新書
231

まえがき

仕事での初対面の緊張感が打ち解けて、お互いのキャリアや家族構成などのバックグラウンドがわかったところで、「最近、何かはまっていることはありますか？」とよく質問される。

そのときに「何にもないです」と答えてしまえば、つまらない人間だと思われる。それに、相手の目的は、無言の時間を埋めることだともわかる。

だから、多くの人は、料理、散歩、運動など話が広がりそうな対象を答える。これが相手にもはまれば「私も料理にはまっているんですよ。特に醤油はメーカーごとに味が違って面白いんですよ」などと返事が来て、そこから話が広がることもある。

3〜4回会い、気心が知れている人の雑談で「最近、何かはまっていることはありますか？」という質問が出る。これには、相手の興味関心を知り、距離を詰めたいという目的がある。

それを察した相手は、より具体的な回答を出してくる。例えば、サウナ、音楽、映画、将棋、ゴルフ、手芸、散歩、登山、音楽などだ。このときに、何かを言いかけてから、「演劇鑑賞です」「マイナーなスポーツなんですよ」などと言い淀む人がいる。

言いたいけれど、言えないという雰囲気を醸し出している相手に、「すごく知りたい！」と伝え、1対1であるかのような空気をつくって話を聞くと、何かの事象に対する愛について話してくれることが多い。

それはどれも興味深く、人が持つ底知れぬ執念と愛着の力を感じる。いずれも濃厚で、深く、終わりがない。まさに「沼」のようなのだ。

本書では、これまで取材してきたさまざまな沼の世界を紹介する。自らはまる、知らないうちにはまっているなど、さまざまな種類があるが、沼を知ることで、人間は自らの限界を突破する。それは人生において幸福をもたらすのか、災厄であるのかは、本人にもわからない。

ただ､沼にはまっているときは毎日が充足していることは間違いがない｡沼にはまった人々が、快楽を得ながらも、もがく姿に、あなたは何を見るだろうか。

なお、本書に登場する人々はプライバシー上、一部を変えている。

沼にはまる人々　目次

序章

そもそも、沼とは何なのか

●「沼にはまる」がメジャーになる

２０１６年あたりから、ＳＮＳ上のネットスラングで「沼にはまる」という言葉を目にするようになった。

文脈から判断すると、ゲームやアイドルなど、何かにはまってしまい抜け出せない状態になることを指していることがわかる。

この言葉をメジャーに押し上げたのは、２０１８年改訂の『三省堂 現代新国語辞典 第六版』だろう。「高校教科書密着型辞書」と謳うこの辞書は、若者に寄り添った言葉選びがされていることでも知られる。

２０１８年時点の高校生の間では、すでに「沼にはまる」という言葉が広く使われていることが推測できる。

その後、「沼」は一気にメジャーな言葉になる。『沼にハマってきいてみた』（２０１８年〜／Ｅテレ）、や『川島・山内のマンガ沼』（２０２１年〜／日本テレビ系）など、テレビ番組のタイトルにもなった。

日常的に、恋愛やお金についての取材をする生活をしていて気づいたことがある。この頃から、「沼」という単語が頻発されるようになったのだ。

例えば、「宝塚を観て、ヅカ沼にはまりました」、「婚活沼にはまってます」、「あのアニメは、沼ること間違いないですよ」、「昨日からあの俳優に沼です」、「子供の教育沼にここまではまるとは思わなかった」などと、どこか**キラキラとした雰囲気をまとい、少々自慢げ**に語る様子を聞くようになった。

憧れの存在になった「オタク」

これには、「オタク」が憧れの存在になった風潮も重なっている。

かつてオタクはネガティブなイメージを伴った存在だった。その原因は昭和から平成に変わる1988〜89年に世間を震撼させた「東京・埼玉連続幼女誘拐殺人事件」だ。犯人が、大量のアニメのビデオテープを所有していたことで、オタクは暗いイメージとともに語られるようになった。当然、アニメをはじめ、何かを偏愛していることを隠す風潮は強くなった。

その後、タレント・中川翔子さんはじめ、多くの著名人がアニメやゲーム好きを公言。2004年には気弱なオタク青年が主人公のラブストーリー『電車男』（新潮社）がベストセラーになり、テレビドラマ、映画、舞台化された。

女性向きのオタクジャンルで最も「キモい」とされていたボーイズラブ関連作品で人気を博した漫画家・よしながふみさんの『西洋骨董洋菓子店』が2001年にフジテレビ月9枠でテレビドラマ化。原作もベストセラーになるなど、風向きは徐々に変わってきた。

最も風向きが転じたのは2010年、経済産業省に「クール・ジャパン室」が設置されたことだろう。アニメ、ゲームを含む日本のサブカルチャーにスポットが当たり、「世界に誇る作品群」と評価が180度転換された。

オタクはクール(カッコいい)になり、それ以降、「オタクになる」「何かに夢中になること」は、誇らしいこととして語られるようになったのだ。

依存症とどこが違うのか?

「沼にはまる」ことの危うい点はここにある。何かの対象に夢中になり、深めることが「カッコいい」ことであり、それが人生の充足であり幸福になったのだ。

ここが依存症とは大きく違う。依存症は精神医学上の病気だ。物質依存のアルコールや薬物、行為依存のギャンブルやセックスの依存状態になった人の多くは、自らを

「カッコいい」とは思っておらず「幸福で充足している」とは思っていない。「やってはダメだ」と思いながらも、深みにはまり続け、気づけば社会に適合できなくなっている。

依存症の多くは、30年を超える長い研究の歴史があり、専門医もいる。病院で診察を受ければ、「疾患」というレッテルが貼られ、その多くが健康保険の範囲内での治療も受けられる。当然、行政のサポート、医療体制、復帰施設、自助サークルなども存在する。

しかし、「沼にはまる」ことはそうではない。対象となるアニメ、ドラマ、アイドル、舞台などは輝いている。自ら行動と体験し、そこにお金を支払うことは、経済活動であり推奨され賛美される。ひたすら収集するコレクターもいるが、体験要素が少なく、コレクションは資産でもあるので、本書では除外した。

その対象は、さながら巨大なテーマパークだ。テーマパークは巨大な集金システムであり、愛は使ったお金や、そこに訪れた回数、より深い知識で測られる。愛するということは、金を流し続けることでもある。

●コロナ禍と「沼」

その金の使い方を拡大させる装置がSNSだ。「より高みを目指そう」と言い、グッズをコンプリート(全種類購入)したり、全通(公演期間中のすべての回を観る)したりすることを誇らしげに掲げると、世界中から「いいね」が殺到する。自己承認欲求が満たされるのだ。

「沼」に近い言葉に、「廃課金」がある。これもネットスラングで、スマホのアプリゲーム(ソーシャルゲーム)に課金を重ねることを主に指す。ゲームを有利に進めるアイテムを得るためには、お金を積むことが必須だ。

また、「沼にはまる」対象は、他者だけではない。自分自身ということもある。美容整形、筋トレ、恋愛、アンチエイジングなどもある。いずれも、自宅にこもることが推奨されたコロナ禍にこれらの沼にはまる人が急増した。

原因は、インターネットを通じて世界を見るようになったことにあると推測する。インターネットの特徴は、広い世界を狭く近く見せてくれる。時間がたっぷりできた自粛期間中にインターネットを通じて世界を見続けた結果、遠いと思っていた世界は、意外と近くにあることがわかった。そこに「沼」があったのだろう。

「沼」という単語には、底が見えないが、どこか温かさがある。沼のイメージは、人肌より少し低い程度の水温で、柔らかい藻が茂っており、体にまとうような柔らかい泥の中に心地よく沈んでいくような情景が浮かぶ。さながら、ジョン・エヴァレット・ミレーが描いた『オフィーリア』のように。

国土地理院の見解によると、自然地形上の沼とは「湖より浅く、最深部まで沈水植物が繁茂するもの」を指している。対比対象となる湖は「植物は湖岸に限られ、中央に深い所には沈水植物を見ないもの」とある。

沼は自然地形上も最深部が見えないのだ。沼は目視する範囲では、水は澄み泳げるように見えていても、沈めば底の植物が全身をからめとっていくだろう。

本書では「沼にはまった人々」の実例について紹介していく。依存でもなく、日常生活も維持できているが、そこはかとない「危うさ」がある。

沼にはまることが、幸せなのかどうなのか、出口があるのかないのかなどは、自分自身にしかわからない。わからないからこそ、見たくなる。「何があるのかわからない」。それが沼の魅力なのかもしれない。

第1章

あなたの隣にいる「沼」にはまった人々

はまらないと思っていても、気が付けば首までつかっているのが沼だ。ここでは、どこで、どんなときに沼にはまるのか、5つの実例を紹介する。

沼にはまるとは、「好き」を通り越して、没入してしまうことだが、そもそも何かに興味を持ったり、行動と体験をしなければ、沼にははまれない。

ここで紹介する沼では、そのトリガー（引き金）の在処と、はまる喜びと弊害ができるだけわかるように紹介していく。

沼は大きく知識系と体験系の2つに分類でき、その2つが混在するとさらに深みにはまっていく。

知識×体験が程よくブレンドされた例として、プロレス、若手俳優、ラーメンを挙げた。これらはベースに知的欲求がある。また「相手ありき」の沼なので理性が働きやすく、破滅まで行くようなことは少ない。

それとは反対に、個人の体験（快楽）を極めていく例として、睡眠薬、セックスを紹介した。これらのトリガーは不安やコンプレックスのために、自分の肉体を媒体に感覚の追求を続ける。相手不在なので、手間も少なく、深めようと思えば依存症に手が届いてしまう沼なのだ。

プロレス沼

鋼の肉体に心を奪われ、貯金を使い果たす

ヒョロい見た目でナメられる日々

大手商社で働く浩平さん（仮名・34歳）は、29歳からの3年間、新日本プロレスのIWGPヘビー級王者オカダ・カズチカ選手の沼にはまった。彼は「この期間はそれしか記憶がない」と当時を振り返る。

浩平さんは小柄で優しい雰囲気の男性だ。性格もマイペースで、女性と交際したことはないという。

「先輩が『女の子を紹介してあげる』と合コンを開いてくれるんですが、僕の社名をいうと、女の子みんなの目の色が変わる。それまで僕に塩対応していた子でも、優しくなり始めるんです。だいたい、見た目がヒョロいので、最初はみんなナメてかかって来る。僕はそういうことをわかっているのに、女の子はバレていないと思っている。浅はかですよね」

浩平さんに恋愛対象を聞くと「女性だ」という。自分と同じくらい優秀で支えてくれる女性に片思いをして告白したことがあったが、フラれてしまった。

「理想の夫婦像は、作家・村上春樹さんのご夫妻です。僕は大学時代から筋金入りのハルキストで、村上さんと同じことがしたくて、マラソンも始めたんです。もちろん妻となる人も、陽子さん（村上春樹さんの妻）のような女性がいい。会ったことはありませんが、大作家を支え、サバサバしていて素敵なんです」

浩平さんは9年前体を鍛え始める。

「そのころ村上さんに倣い、マラソンを始めたところ、体調がよくなったんです。仕事のために体を強くしようと、筋トレのジムに通い始めました」

自宅の近所にあるジムの門を叩き、トレーニングを開始。トレーナーは元格闘家で同い年だった。やがて気心が通じ合い、あるときプロレス観戦に誘われた。

「それまで、全く見たことがなかったんです。僕は妹がいる4人家族なのですが、両親ともに研究職で、読書とクラシック音楽鑑賞が趣味。2歳下の妹も似たような感じです。とても静かで穏やかな家庭で育ったこともあり、暴力が苦手なんです。ゾンビ映画、戦争映画も怖くて観られないし、ボクシングなんてもってのほか。それに、痛みに対する共感性が高い。だから格闘技全般を避けていました」

強引に誘われたプロレス観戦

プロレス観戦は断ったが、トレーナーはしつこかった。「なかなか取れないレアなチケットだから」「絶対おもしろいから」「マジ、カッコいいっすから」などと強引に連れ出された。

「なんのことだかわからず、正月早々東京ドームまで一緒に出かけたんです。試合はＩＷＧＰヘビー級選手権試合、オカダ・カズチカvsケニー・オメガ。２０１７年の試合です」

場内は割れるような歓声で、東京ドームの天井が吹き飛びそうなほどの熱気に満ちていた。

「大歓声の中、オカダ・カズチカ選手が爆音とともに登場したんです。その瞬間に釘付けになりました。フランス語で恋に落ちることを〝雷に打たれる〟というのですが、まさにそんな感じ。ぞわっと鳥肌が立ちました。痛みに弱い僕ですが、体を鍛えるようになって、オカダ・カズチカ選手の肉体が、いかにすごいかがわかるようになった。

尊敬と憧れと、自分もこうなりたいという願望で、フラフラになりながら帰宅したことを思い出します」

対戦者のケニー・オメガ選手（カナダ）のことも好きになってしまう。

「この年の正月休みは、むさぼるように動画を観ていました。2人とも歯が真っ白で力強い。僕は虫歯だらけなので、白い歯に憧れるんです」

仕事も手につかない

浩平さんの場合、肉体的なコンプレックスもあり、プロレス選手に憧れた。

「筋肉の鎧をまとった、屈強な戦士ですからね。だって、リング外に放り出されたときに、折り畳み机がバーンと割れてもビクともしない。つまり、ボウリングのボールのような筋肉ってことじゃないですか。夢中になって観ました」

大阪、所沢、横浜、仙台……可能な限り観戦に行った。オカダ・カズチカ選手が出る試合という試合はすべて観たかった。彼をそばで感じていたかった。仕事中もオカダ・カズチカ選手を思い出して、胸が熱くなることが多々あったそうだ。当然、仕事は手につかず、上司から叱責されてしまった。

「命がけで仕事をしている彼に恥ずかしいと思い、夢中になって仕事をしました。この2年間で成長したと思います。あとは、全国各地に遠征したので、取引先と話すときのネタができた。加えて、僕は好きな人の全てが知りたくなる。探究心が強いので、彼のゆかりの地である、長崎県の五島列島、愛知県安城市などにも行きました」

試合がない日、行けない日に動画を観ていたときに、別団体であるDDTのHARASHIMA選手を好きになってしまう。浩平さんは笑顔が似合う優しそうな選手が好きなのだ。

「といっても、性的対象は女性なので、恋心ではないんですよ。この頃は妄想もしていました。選手たちと生活し、僕が料理を作ったり、マネージメントをしたり。いつまでもぐるぐると想像していました」

オカダ選手の結婚とともに

急激に燃えた恋心は、冷めるのも早い。浩平さんが「プロレスは好きだけど、別に」となったのは、後輩に学生プロレス出身のプロレスマニアが入って来たからだ。

「彼は本当に詳しくて、グッズもたくさん持っている。『あ、勝てない』と思ったときに、ちょっと熱が冷めたんです。あとは、オカダ・カズチカ選手が結婚したこと。『僕と住む世界が違うんだ』と、境界線を引かれたような気持ちになりました。僕は男だから、当然オカダ・カズチカ選手とは結婚できないし、そういう願望もない。でも、プロレス〝なんて〟ことを仕事にしていることは、僕と同じ『イケてない男子の仲間』だと思っていたんです。同じ延長線上の『仲間』というか……」

プロレスラーは筋肉の鎧をまとっている。浩平さんは「高学歴・有名商社が勤務先」という鎧をまとっている。いずれも血がにじむような努力をし、才能に気付き、自ら磨かなければ、その鎧は得られない。

「オカダ・カズチカ選手が結婚したときの喪失感は筆舌に尽くしがたいものがありました。でも、いいタイミングで結婚してくれたと思います。実家暮らしで、600万円ほどの貯金があったのですが、3年間の追っかけで使い切っていましたから」

オカダ・カズチカ選手がそのまま結婚していなかったらどうなっていたのだろうか。

「親から借りていたと思う。いや、僕の場合、親にはいい顔をしちゃうから、消費者金融から借りていたかもしれない」

ただ、女性ファンと異なるのは、選手に貢がないこと。

「女性ファンの中には、本気で選手と付き合えると思って、追いかけている人もいました。オカダ・カズチカ選手の結婚発表があったとき、『私との関係はなんだったの？』と絶望している人もいました。単なるファンと選手なのに『裏切られた』などと言う。その後、選手を攻撃するＳＮＳを繰り返していた。あれにはヒキました。こんな人種と一緒にされたくないな、と」

プロレス沼にはまって失ったものは、金。

得たものは仕事のスキル向上と、筋肉に憧れたことによるトレーニングの習慣。あとは遠征で知った日本各地の知識。

「やはり楽しかったですね。あんなに夢中になったことはありません。今でも好きで応援していますが、あそこまではまることはない。あのときは、〝オカダ〟という会社やお店の名前に対しても反応していましたから。あれは初恋だったのかもしれません。幸せな時間だったと思います」

若手俳優沼

恋愛よりも結婚よりも「推し」がいい

あまのじゃく発動で、映画鑑賞

都内のIT関連会社に勤務する友理奈さん（34歳）は、2020年から1年半の間、ある若手俳優にどっぷりはまっている。

きっかけは『劇場版 仮面ライダーゼロワン REAL×TIME』をたまたま観たことだった。

「2020年の年末、街は緊急事態宣言だとかなんだとかでピリピリしていました。『映画鑑賞をする＝コロナ対策ができない非国民』と言うような雰囲気があった。私はあまのじゃくというか、ダメだと言われるとやりたくなる。それまであまり映画を観なかったのに、『映画を観に行こう』と思いたったんです」

入場規制がされていたので、人気作品は軒並み売り切れ。『劇場版 仮面ライダーゼロワン REAL×TIME』しか席がなかった。

そこではまった。コロナ禍を思わせる舞台が、今の世界とシンクロしていた。子供を飽きさせない、テンポのいいストーリー展開、躍動する若手俳優など、たくさんの魅力にあふれていた。1時間半程度の上映時間もよかった。

「もともと、兄の影響で特撮や戦隊ものはなんとなく観ていたんです。そこで、過去シリーズを観てみようと口コミサイトをチェック。なかでも評判がよかった『仮面ライダーオーズ／000』（2010年）を観ました」

あっという間にその世界に引き込まれ、仕事そっちのけで、3日間風呂にも入らず観続けた。

最後の3話は号泣していた。

「特に、主人公・火野映司を演じる渡部秀さんにはまりました。ここ15年ほどの仮面ライダーシリーズは、イケメンが多いけれど、ダントツだった」

飲み会やデートよりも若手俳優

仮面ライダーシリーズは、若手俳優の登竜門として知られる。現在、第一線で活躍する俳優たちが注目されたのも、この作品群がきっかけになっていることが多い。

例を挙げると、佐藤健さん『仮面ライダー電王』（２００７年）、瀬戸康史さん『仮面ライダーキバ』（２００８年）、菅田将暉さん『仮面ライダーW』（２００９年）、吉沢亮さん・福士蒼汰さん『仮面ライダーフォーゼ』（２０１１年）、竹内涼真さん『仮面ライダードライブ』（２０１４年）……と、枚挙に暇がない。

「それまで飲み会やデートに充てていた時間のすべてを渡部秀くんに捧げ、推し活動に励みました。彼は出演作も多く、最初の頃は名もなき役ばかり。目を皿のようにして秀くんを追いかけました。インスタグラムもユーチューブチャンネル『渡部秀Ｏｆｆｉｃｉａｌ ワタナベース』もくまなくチェック。彼はあまり更新しないので、妄想する時間もたっぷりあり、幸せでした」

妄想のシチュエーションは多岐にわたる。渡部秀さんの故郷、秋田県への妄想旅行、同じ学校に通っていることを想定した空想、最後は結婚して幸せな生活を送るということで締められた。

過去の雑誌を買い集め、毎日妄想を重ねた。実際に渡部秀さんと生活しているように感じてしまったこともある。

「それが原因で、結婚するつもりで交際していた彼（35歳）とも別れました。彼が勤務する会社は大手企業で、コロナに対する意識が高かった。クソ真面目にステイホームしている彼に対して不満を抱えていた。近所に住んでいるのに、『コロナが怖いから会えない』と言われ続けている間、私は渡部秀くんばかり見ていました」

●交際中の彼の「生っぽさ」が受け入れられず

イケメン俳優に浸りきっている日常を過ごし、現実の彼と久しぶりに会った。そこには汚い中年男がいた。そんな彼と食事をし、流れで彼の家に行く。その先の行為に気持ち悪さを感じ、デートを途中で切り上げて帰ってしまった。

「彼の容姿は、普通レベルだと思います。でも秀くんに比べると足は短いし、肌も汚い。歯は黄ばんでいるし、ヒゲも指毛も気持ち悪い。マスクを外したときに、鼻くそがついていて、生理的にムリだと思ったんです。ねっとりした生っぽさがあるんですよね。『久しぶりだからするぞ』みたいな気合のようなものも気持ちが悪かった」

渡部秀さんにはまってから、あらゆる男性が恋愛対象として見られなくなった。

「仕事などで、普通の距離感で話している分には、全くどうでもいいんです。でも、恋愛感情や性欲を伴われるとキモい」

「彼」に恥じない女になるために

友理奈さんの友達には、ミュージカル『刀剣乱舞』や『テニスの王子様』や『弱虫ペダル』など〝2・5次元〟と呼ばれる作品の沼にはまった人も多い。

「友達が『彼に会いに行くの』と言いながら、観劇に行くのを『キモい』と思いながら話を合わせていました。舞台上のスターにとっては一般人の私たちなんて、金にしか見えていないだろうと思っていたんです。でも、今ならわかります」

2022年3月に公開された映画『仮面ライダーオーズ10th復活のコアメダル』は5回以上観た。いや、5回以上、会いに行った。

「若い秀くんが演じる映司と、今の秀くんが演じる映司の両方を好きになった。格段にカッコよくなっている。渋さも出ていてますます好きになってしまった。私は2人の映司に恋ができて幸せだと思った」

俳優の仕事は多岐にわたる。映画、ドラマ、舞台、イベント、動画配信、SNSなどそのすべてを追っている。

「最近、『ｃｏｏｋｐａｄ　Ｌｉｖｅ』という動画配信が始まったんです。これは、秀くんが料理をするだけでなく、もぐもぐタイム（食べているところ）も見られるという、至福の動画。もちろんすぐに、有料会員（月４００円）になりました」

表参道に配信スタジオがあり、観覧もできるという。

「もちろん応募しています。来月のライブに当選し、スタジオに会いに行くんです」

別の俳優が好きな友人に「もし、そのときに秀くんが私に一目ぼれをしてしまったらどうしよう」と相談したという。

「そうしたら、『それ、本気で言っている？』と言われたんです。半分以上本気だったので、その塩対応にショックを受けました」

この沼にはまって得たものは計り知れない。渡部秀さんの隣に並んだときに恥じない女性であるために、５キロも減量し、酒量も減らした。

仕事にも真剣に取り組み、営業のＭＶＰを達成。家にこもって動画を観ているので、貯金もできるようになった。そもそも、作品が好きであり、グッズなどに興味がないからだ。

「もし、私がコレクター気質だったらヤバかった。秀くんに出会って、失ったものはないですが、あえて言うなら恋愛と結婚の可能性でしょうか。でもそれは私の幸せなのでいいんです。たぶん、これからも秀くん以外に興味が持てない。妄想上の嫁として、恥ずかしくないように生きていきたいです」

睡眠薬沼

眠れない苦しさから解放されたい

●バイト不採用で知った「初めての挫折」

美奈絵さん（仮名・30歳・アルバイト）は、東京に出てきた18歳の頃からこの12年間、ほぼ睡眠薬が手放せない。

「北関東で生まれ育ちました。両親は共働きの会社員で、下に弟がいます。家族仲は普通だと思います。地元でもそこそこ頭がいい県立高校に行き、普通に勉強していたらDランクとFランクの間にある大学の指定校推薦が取れたんです。学費も高くないし、学生寮に入れたので家賃は安い。親には申し訳ないと思いましたが、そのまま地元で就職するのも嫌だったので、上京しました」

地元にも大学や専門学校はあるが、県立の国立大学はそれなりに難関であり、学びたい学部もない。専門学校に魅力は感じなかった。

東京の公立大学を卒業している父親が「若いうちに世界は見ておくべきだ」と言い、上京することになった。

「せっかく上京したのに、大学も寮も東京都心を通り越して、さらに郊外に行く。畑も多く、『ここが東京？』と思いました。でも大学は楽しかったですね。先生も熱心な人が多く、勉強も頑張りました」

親からの仕送りは、学費と家賃４万円と生活費５万円。美奈絵さんの実家のエリアは、代々住み継いだ家に住んでいる。家は当然のようにあるもので、家賃はかからない。家賃を払うという行為そのものが新鮮だったそうだ。

「本当に恵まれていたと思います。大学で友達ができると、一緒に遊びに行きたくなる。東京にはアルバイトがたくさんある。大学に求人チラシがたくさん貼ってあり、それを見て応募しました」

美奈絵さんはそのときまで、バイトには「応募すれば採用される」と思っていた。

しかし現実はそうではない。相手が、「この人と働きたい」「この人は有益だ」と思わなければ落とされる。

「出しても出しても落とされる。落とされるうちに、全人格を否定されたような気持ちになり、夜も眠れなくなってしまいました。異変を感じた東京生まれ・東京育ちの友人が、話を聞いてくれたんです。『バイトはハキハキと笑顔で話す子で、土日も働ける子じゃないとなかなか採用されないよ。あなたが悪いわけではない』って。それを聞いて安心したんです」

客の叱責で夜も眠れず

なぜそこまで思い詰めたのか。それは、美奈絵さんが両親に大切に育てられたことが大きい。彼女の幼少期は、いわゆる「叱らない子育て」が大ブームだった。叱らない子育ては、子供が嫌がることはさせず、のびのびと育てることでもある。

親が子供にかまうことが愛情表現とされ、てきぱきと物事をこなす両親は、美奈絵さんに手伝いをさせなかった。

加えて、苦しい思いもさせなかった。

「私が通っていたピアノ教室で、先生が私のことをものすごく怒ったんです。そのことを親に伝えた翌月から、違う教室に通うことになっていました」

美奈絵さんの両親は娘の危険を察知すると、本人が対処する前に、それを除いていたのだ。

「結局、私は個人営業の定食屋さんでバイトをしました。50代のとても優しいご夫妻がやっていたのですが、1カ月目に『もう少し気を利かせて』と言われたのです」

お客さんのお冷がなくなっていたら、「お水ください」と言われる前に注ぎ足す。箸を落としたら言われる前に差し出す。子供連れが来店したら、広めの席に案内するなど、一手先を読んで行動する。これが美奈絵さんにはできなかった。

「あるとき失敗をして、お客さんに怒鳴られた。そのショックから眠れなくなりました。翌日、大切な試験があって、早く寝なくちゃいけないのに『なんであんなことをしたんだろう……』という思いが頭をぐるぐる回ってしまい、深夜3時になっても目が冴えている。眠れないまま試験を受けて、落ち込んで帰る最中、ドラッグストアで市販の睡眠導入剤を購入しました」

眠れない苦しさから解放されたい一心だった。

●市販の睡眠導入剤が効かない……

「アルバイトを始めて眠れない日は増えた。客から怒鳴られる、定食屋さんのオーナー夫妻からも小言を言われる。限界だと思って辞めました」

叱られたというけれど、その頻度は、バイトを始めて2カ月のうちに3回程度。日常的に他人から叱られている人にとっては、たいしたことではない。しかし美奈絵さんは親にも叱られたことがない。何をやっても褒められて育てられた箱入り娘だ。

その辞職のしかたも、現代風だ。何も言わずに出勤せず、そのままフェードアウト。「アルバイトを辞めます」と断るのはエネルギーとコミュニケーション力、胆力が必要だ。そのいずれも、当時の美奈絵さんにはなかった。

「接客は向いていないと思ったので、次のバイトは倉庫の在庫チェック係でした。そこでもミスをして、叱られた。出勤するのも苦しいし、失敗したときは給料をもらうのも苦しい。眠れなくなって睡眠導入剤を飲むとスッと眠れたんです」

誰かに話すという選択肢はなかった。

「親に話を聞いてもらおうと思ったんですが、そんなことを言ったら学校を辞めさせられてしまう。友達にバイト先で叱られることを話したら、『怒られるのなんて当たり前じゃん』と言われる」

そのうちに市販薬では効かなくなり、眠っても疲れが取れていることを感じなくなる。

「大学を卒業し、就職する頃には、通院して3種類ほど服用していました。すぐに処方してくれる心療内科をネットで探してまとめて処方してもらっていました」

●持病を逆手に睡眠薬を入手

就職活動について聞くと、学校の成績は全体的によく、出席率も高く、真面目で地味な外見をしているので就職活動は順調だった。

「でも、絶対に営業の仕事はダメだと思って、営業をしなくてもいいという介護サービス運営会社に入りました。それが企画職で入ったのに、営業だったんです。セールストークもできないし、上司にいじられたり怒られたりするのが不安で、毎日、5〜10錠程度の睡眠薬を飲んでから寝ていました」

一般的に睡眠薬は、「ノックダウン型」と「非ノックダウン型」に分かれている。前者の中でもバルビツール酸系の薬は服用するとすぐに眠ってしまうことから、自死やレイプなどに使われることが危険視されて、今はほとんど処方されない。

「私が飲んでいたのは、『鬱っぽくて眠れない』と言うと処方してもらえるベンゾジアゼピン系（非ベンゾジアゼピン系）と言われるノックダウン系の睡眠薬でした」

日本では一般的だが、欧米では依存性が問題視されている。抗不安薬として処方されており、脳の活動を鎮静化させて、睡眠に導いていくとされる。しかし作用時間が短く、依存性が高いことも特徴のひとつだという。

「だんだん効きにくくなっていく。そこで、持病の子宮内膜症を診てもらいに、婦人科に行ったとき『痛みと不安で眠れない』と言って、結構強めの薬を出してもらっていました」

このように、持病を逆手に取り、睡眠薬が専門外の医師の診察を受け、薬を『もらい溜め』する人は少なくない。

美奈絵さんは「繁盛しているクリニックに行くのがコツです。流れ作業で診察して処方してもらえますから」と言った。

●初めての恋愛

入社から1年が経過し、恋人もできた。美奈絵さんにとって初めての彼だ。この男性と交際していた23歳から25歳までの2年間は、薬がなくても眠れるようになっていたという。

「どんなときも私の味方をしてくれる10歳年上の男性でした。でも25歳のときに、彼が結婚していると知り、別れたのです」

彼は隠れ既婚者だった。結婚歴がある人は、コミュニケーション能力が高い。恋愛経験が少ない男性と比べると、その力は圧倒的だ。結婚しようと思っていただけに、かなりのショックだった。

「彼が結婚したのは、私との交際中なんです。私のほうが先に付き合っていたのに、後から来た人と結婚した。理由は私が人生を人任せにしているから嫌だと」

そこで美奈絵さんは死を意識する。別れた後も、彼のことを想像して泣いていた。仕事でも失敗が重なり、眠れなくなった。「あのとき、こうしていれば……」「もし結婚できていたら……」と思うと、さらに眠れなくなった。ただ薬を飲むだけでなく、ストロング系と呼ばれるアルコール飲料と併用するようになっていた。

アルコールとの併用の罰

転機はそれから半年、26歳のときに来た。

「翌日の大きな商談のために、朝7時の新幹線に乗らなくてはならなかった。それなのに、眠れない。商談に使う資料も、客先への手土産も私が持っている。絶対に遅刻するわけにはいかない状況です。眠ろうとすると目が冴えてくる。深夜0時を過ぎて、お風呂にも入ったのに『眠気が来ない』とわかったときに、ストロング系のチューハイ500mlを1本飲んだんです」

美奈絵さんは酒が強い。1本飲んでも眠れなかった。

「気が付くと何錠か飲んでいたみたいです。アルコールで理性がぶっ飛んでいて、眠れない苦しみから解放されたい一心で、薬を口にしていました」

目が覚めたのは病院だった。薬を飲んでから30時間が経過していた。

「新幹線に乗って来ない私をおかしいと思った上司が、総務に連絡。総務は社労士に連絡して、無断欠勤した社員の対処方法を聞いたそうです。社員の現住所は個人情報保護から極秘事項で、無断欠勤程度では閲覧ができない。そこで、社労士は緊急連絡先である実家に連絡し、両親が都内のマンションに駆けつけてくれたのです」

両親は合いかぎを持っていない。管理会社は「すぐにはカギを貸せない」という。そこで、鍵屋さんに連絡をして、カギを壊した。10万円の費用は、両親が支払った。

「そしたら、いびきをかいて眠りながらおねしょをしている私がいたそうです。救急搬送されましたが、胃洗浄するほどではなかった。点滴して経過見守りをしているうちに私の目が覚めました」

繰り返す救急搬送

会社は「せっかくここまで働いたんだから、まだ頑張って」と言ってくれたが、両親は血相を変えて「連れて帰ります」と言い、実家に連れ戻された。

「父親が人事に『うちの子に何をしてくれたんだ！』と怒鳴ったそうです。人事も『まさか親がしゃしゃり出てくるとは……』と驚いたそう。退社手続きも、労働組合の手続きも、みんな両親が行い、私はひたすら眠っていました」

実家に連れ戻されてからは何も不安がなくなり、美奈絵さんはよく眠っていた。体調が落ち着くと、両親に結婚をすすめられる。

「それがかなり強引なんです。それがどうしても嫌で、親に頼み込んで、再び東京に出てきました」

それから美奈絵さんはシェアハウスに住む。一時期は昼の仕事をしたが、オーバードーズ（睡眠薬、向精神薬の大量摂取）で2度、救急搬送された。それ以外に何度も、昏睡したり記憶がなかったりすることがあるという。

「いずれもストロング系を飲んで酩酊して、過剰に薬を飲んでしまうことが原因でした。『朝起きられなかったらどうしよう』という不安が強いんです。緩やかに効く非ノックダウン型の睡眠薬も試しましたが、効果はありませんでした。体が睡眠薬に慣れているし、そもそも効果に切れ味がないんですよね」

シェアハウスにいるキャバ嬢の同居人から、夜の仕事をすすめられた。

「容姿もイマイチだし、風俗は怖いと言うと、『キャバと風俗だけが夜の仕事じゃないよ』と笑われて、ある繁華街のアフターの店を紹介されたんです。今はそこで働いています」

アフターの店とは、営業が終わったキャバ嬢やホスト、店のスタッフたちが飲食しに来る店だ。美奈絵さんはこの店で深夜0時から朝8時まで働いている。週5出勤で、給料は手取りで20万円もない。

「オーナーが昼の世界の人なので、一応契約社員扱いになっていて、厚生年金と医療保険にも入れていただいています。最初は失敗だらけでしたが、ここで働けなかったら後がないと、だいぶ慣れました。店も1回目の緊急事態宣言のときこそ休業しましたが、それ以降はずっと営業している。でも『この仕事をずっと続けるのかな』と思うと、不安で眠れなくなることはあります。そんなときには薬に手が伸びます」

しかし、お酒と一緒に飲まないようにはしているという。

「今度やったら本当に親に連れ戻されて、親の知っている『きちんとした人』と結婚させられてしまう」

美奈絵さんと話していて感じたのは、そこまで東京にしがみつく理由がないことだ。何かの仕事をしたいとか、才能を試したいという、確固たる軸がない。

沼は沼でも実態がない沼は底なしだ。原因がわからないことは、人間にとって恐怖だ。恐怖と戦い続けることではまってしまう沼もあるのだ。

ラーメン沼

ラーメンと結婚した

1日3食ラーメン生活

都内の鉄道関連会社に勤務する晋太郎さん（仮名・40歳）は、コロナ禍中にラーメンにはまった。

「会食が禁止になり、外食といえば多くの人が黙食で感染リスクが少ないラーメンだけになっていたんです。ラーメンを毎日食べると、食べずにはいられなくなる。今は1日3食ラーメンを食べていて、身長170センチ、65キロだった体重が、この2年で85キロまで増えました」

その食べ方はすさまじい。朝からラーメンを提供している店に行き、朝食。昼は勤務先の近所にある〝二郎系〟と呼ばれる店にローテーションで行く。客先や現場に行くときは、その付近のラーメン店をチェックして食べる。ラーメンを食べた後は、アイスクリームなど甘さのアタックが強いものを欲してしまうので食べる。さらにおやつを食べて、夜もラーメン店に行く。

「夜はビールとギョーザなどのつまみを頼みつつ、スマホで『孤独のグルメ』などのグルメ系のドラマを観て、頃合いになったらラーメンを頼む。それだけでは足りないので、ご飯ものもつけます。チャーハンやじゃこ飯、ネギトロ丼などが好きです。カレーがある店もあるけれど、スープの香りを消してしまう気がして頼みません」

話を聞いていると、１日の摂取カロリーは３０００ｋｃａｌを超える。

「ウチの体重計は基礎代謝カロリーも出してくれるんですが、それは１４００ｋｃａｌ程度。太るのも当たり前ですね」

当然、健康診断の結果も悪い。血糖値は高く、肝臓の数値も悪い。問題なのは塩分の過剰摂取による高血圧だ。上は１６０ｍｍＨｇ、下は１００ｍｍＨｇとかなり危険な領域をマークしている。

「ラーメンにはまる前までは、ほとんどＡとＢだった診断結果が、ＤとＥだらけになりました。特に高血圧がひどく、お医者さんからも『これはやばいね』と言われるほどです。でも漫画家の赤塚不二夫先生のように、診断結果が悪くても好きに飲み食いして、長生きした人もいる。我慢のストレスを考えたら、食べたほうがいいと自己判断しました」

●離婚を機に、単身上京

なぜ、そこまでラーメンにはまったのか。

「私は京都府出身なんです。京都はそのイメージとは異なり、個性的なラーメン屋が多く、地元の人はみんなラーメン好き。私もその1人です」

東京に進出している店も多く、一例を挙げると、「京都ブラック」と呼ばれる醤油のスープで知られる『新福菜館』や『本家第一旭』、背脂系スープが特徴的な『中華そば　ますたに』、全国チェーンの『天下一品総本店』など。

「ほかにも行列店は多く、『博多長浜らーめんみよし』、ネギの入れ放題で知られる『ラーメン横綱』など、クセとアクが強いラーメンが多いんです。私は2018年に東京に出てきましたが、それまでずっと京都にいた。それまでは週に1回程度、ラーメンを食べる普通の人でしたけど」

晋太郎さんが卒業したのは、京都にある名門私立大学だ。父親も兄もその大学を出ており、親戚も家族もみんな関西地方に住んでいる。

「東京に出てきたのは、離婚したからです。結婚は30歳のときに親のすすめでしました。大学を出てからずっとビルメンテナンスの会社で営業として勤務していて、ちょうど仕事が忙しかったんです。同い年の妻は早く子供が欲しかったのですが、私は仕事漬けで子づくりができなかった。そこで妻が浮気をした。私がショックを受けていると、6年間の結婚生活で数えるほどしかセックスをしないことに対して、罵られた」

人としての尊厳を叩き割るような妻の発言に、晋太郎さんの心は折れた。

「仕事もうまくいかなくなり、リセットするなら最後のチャンスだと思いました。それなりに実績もあったので、転職活動をすると今の会社に採用されたんです。施設の管理やマネジメントができる人材は少ないので勝算はあったのですが、あっさりと決まりました」

離婚もして心機一転、単身東京へ。

「離婚したらすごく楽しかったんです。6年間、貯金をさせられており、その半分は元妻に奪われました。購入したマンションも奪われた。ウチの実家が頭金を出したんですよ。元妻はタカリだったと思います。身ぐるみはがされましたが、それでも貯金は200万円ほどあり、自由に使えるお金も増えた。好きなことをしようと思ったときに、思いついたのがラーメンだったんです」

有名店の全メニュー制覇がルール

ラーメンの激戦区である東京は、新しい味、美しいビジュアルのラーメンが続々と登場している。東京都にあるラーメン店の軒数は２６９６軒（２０２０年タウンページ調べ）。１店舗当たり、10種類の味のバリエーションがあると仮定して、東京で食べられるラーメンは２万種類超。１日に３食食べたとしても24年以上かかる。

「そうなんですよ。上京していて感動したのは、テレビで流れる東京のラーメンがすぐに食べられること。数時間待ちと聞き、ダメ元で行ってみると意外と入れる。メディアが言っていることはウソばかりだと思いました」

晋太郎さんは、まず世界的グルメガイド『ミシュラン』に掲載されたラーメン店を制覇した。東京には２０２２年時点で、21のミシュラン掲載店がある。

８年連続掲載の『ラーメン屋 トイ・ボックス』（荒川区東日暮里）、そして、７年連続掲載の『らぁめん小池』（世田谷区上北沢）、『麺尊 ＲＡＧＥ』（杉並区松庵）、６年連続掲載の『創作麺工房鳴龍』（豊島区南大塚）、５年連続掲載の『Ｒａｍｅｎ にじゅうぶんのいち』（荒川区東尾久）、『Ｈｏｍｅｍａｄｅ Ｒａｍｅｎ 麦苗』（品川区南大井）、『ＳＯＢＡＨＯＵＳＥ 金色不如帰』（新宿区新宿）などがある。

「初めて行ったのは、『ラーメン屋 トイ・ボックス』。『ああ、これが東京のラーメンなんだ。なんて芸術的なんだろう』と感動しました。そして、『もっと東京のラーメンを知りたい！』とミシュランガイドの掲載店を軸足に、あらゆる店に通いました。私のルールは有名店の全メニューを制覇することです」

ラーメンはライフワーク

ＳＮＳを通じて仲間もできた。互いに情報を交換する程度のゆるいつき合いだ。ラーメンの奥は深い。一時期は塩分濃度計を持って店を回ったこともあった。

「おいしいかどうか、好きかそうではないかではなく、知識とデータを得ることに血道を上げていました。好きな店が使っている製麺所の関連図も作っていました」

周りが当たり前のように毎日ラーメンを食べていて、地方にも食べ歩きに行く。

「私も当たり前のように食べ歩いていたら、気づけば貯金は０円になっており、それに比例するように体重は増えた。ラーメン好きには健啖家が多い。際限なく食べて飲んでを繰り返していた」

ラーメンのためだけに地方に行き、1日6杯を食べたこともある。

「さすがに今は自分の中で『ある程度は極めた』という自信があるので、前ほどは食べ歩いていません。でも経験をしたからこそ、新しいお店が出ると、写真を見て味を想像する。多くがその通りの味なのですが、稀に外れる店がある。そういうところに興味をそそられます」

晋太郎さんにとって、ラーメンは人生そのものなのかもしれない。有名店のオーナーと顔見知りになっていたり、有名なラーメンブロガーも晋太郎さんのことを知っている。

「ラーメンはライフワークです。でもそうならざるを得ない背景はあったと思う。同年代の友人には家族がいて妻も子供もいる。僕には何もありません。両親だって僕より兄を頼りにしている。結婚に失敗したから、ラーメンと結婚したんですよ。ラーメンは孤独な人に寄り添ってくれる。だって、1人で食べても恥ずかしくないじゃないですか」

ラーメン沼にはまって、失ったものは貯金と健康。得たものはラーメンの知識と生きがい。

「健康については、見ないようにしています。たぶん、このままでは糖尿病になる。でもいいんですよ。家族がいるわけでもないし、これから彼女ができる見込みもない」

「本当にラーメンと結婚したのか？」と聞くと、しばらく迷ってから、「やっぱり取り消します」という。

「あさましいと言われるかもしれませんが、これから僕を好きになってくれる人が1人くらいいるんじゃないかと思うんです」

セックス沼
クラミジアは遊び賃

どうすれば、すぐ〝できる〟か？

IT関連会社で働く玲奈さん（仮名・34歳）は、16歳の初恋からセックス沼にはまり続けている。

「寝た男性の数は100や200では利かない。旅先で外国籍の人ともしたことがあります。でも、レイプはされたことがないんです。こっちが押し気味でロックオンする気迫があると、男性からは来ないのかもしれない」

玲奈さんは黒のロングヘアに黒ブチメガネをかけており、化粧っ気がない。眉毛もボサボサで地味だが、肉感的な体つきをしていることがわかる。

「正直、それなりの人だったら誰でもいい。何か光るところがある人だと思った瞬間に、ベッドに入ることを前提に誘導しています。女友達としゃべっていると、みんなは性交渉を駆け引きの道具に使っている。男性に我慢をさせて、いかに『やらずに引っ張れるか』を戦略的に考えています。そのほうが大切にされると言うんですが、『大切にされる』ってなんですかね？　私はそれとは真逆で、『どうすればすぐできるか』を考えています。だから女の子同士で話が合わないんです」

女友達は、すぐに相手の家やホテルに行ってしまう玲奈さんに対して、「もっと自分を大切にしな」と言う。学生時代は「玲奈がすぐにヤっちゃうと、ウチらも同じように見られるからやめてほしい」などと言われていたという。

●援助交際で自分の存在意義を知る

そこまで男性経験があると、危ない経験も多々ある。裸で行う性交渉は、常に危険と隣り合わせだ。

「いっぱいありすぎて覚えていません。直近ではあるエリートビジネスパーソンとしたことかな。相手が快楽を求めるあまり行為がエスカレートして、首を絞められて死にそうになりました。あとはコロナ中にメンタル的に追い詰められていた、売れない俳優さんとしたときは、数日間、彼のマンションに監禁され、スマホは奪われ、このまま帰れないんじゃないかと思いました」

性感染症は日常茶飯事で、「クラミジア（感染症）は、遊び賃だと思っています」と豪語する。ただ、望まない妊娠は18歳のときに１回したのみ。相手は初体験の相手で、これが原因で別れてしまった。

「向こうの親も私の親もカンカン。特に私の母は、ちょっとおかしいというか、彼を徹底的に追い詰め、高校を中退させてしまったんです。そして『玲奈がふしだらなことをするから、あなたと付き合った人が不幸になるの』と言ったんです。自分が彼を退学まで追い込んだくせに、私が悪いみたいな言い方をした」

その後、玲奈さんは親に内緒で援助交際（当時『パパ活』という言葉はなかった）を行い、お金を貯めて膣内に避妊リングを入れた。

「援助交際をしたときに、私の存在意義を確認できました。私、親からも『容姿が悪い』と言われて育ち、自分でも『不美人で生きている価値もない』と思っていました。だって学生時代、出会い系サイトで釣った相手と待ち合わせたとき、私の姿を見て『ブス』と吐き捨てて帰った人もいましたからね。でも、10人待ち合わせに来たうちの7人とは、性交渉ができました。若いってすごいです。当時は自分のことを『好きな人を不幸にするブス』だと思っていたので、そんな私に反応してくれる男性は神様のように思えました。それに、性交渉は本当に落ち着くし、気持ちがいい。数を重ねるごとに上達していきますし、そこにはまっていったのだと思います」

●エリート家族に囲まれ

玲奈さんは東京から通勤圏の郊外で生まれ育つ。運動も楽器の演奏も苦手だったが、勉強はそれなりにできて、県内でもトップから3番目の進学高校から名門私立大学に進学した。

その大学は全国的にも有名で、誰からも一目置かれる学歴だ。それなのに「私なんて全然ダメですよ。超バカ」と言う。

「ウチは父親が『私大の雄』と呼ばれる超名門校、母親が国立女子大の最高峰を出ています。兄と妹がいるのですが、彼らは県内トップ校に進学し、2人とも父と同じ大学に進学しました。父は大手企業を定年まで勤め上げ、母は自宅の一部を改装して塾を経営していました。私だけが家族の中で『失敗作』なんです」

常に親から厳しくしつけられ、勉強をさせられてきたが、思うような結果が出せなかったという。だから簡単に「失敗作」という言葉が出るのだ。

「失敗作って、母からよく言われていたんです。母は『昭和の上司』みたいな人です。自分の中に正義があり、そこから曲がったことが大嫌いで、白黒をはっきりつけたがる。仕切るのも上手で、優秀かつ努力家です。運がよく器用に見えるのは、頑張り屋だから。ただ、問題なのは他人に対しては冷静で常識的で面倒見がいいのに、身内に対してはヒステリックになることかな」

母は64歳の現在も、教育関係の仕事をしているという。母より2歳年上だという父について聞くと、「定年退職になった5～6年前に死にました」という。死因は自死に近かったという。

「もともと家庭を顧みず、家にお金を入れずに浮気をしていた。母からは『定年になったら、家からたたき出す』と言われていました。私にはいい父だったんですけれどね。でも会社の肩書が外れ、女性からそっぽを向かれたんでしょう。別居先の家で亡くなっていました。母は『犬死にだね』と言いながらも、葬式をきっちり上げていました。私は父の淫蕩の血が流れているようです」

相手探しに窮して風俗勤務

遡り、大学時代の玲奈さんは次第に見た目も良くなっていき、それなりに求めてくる男性も増えてきた。クラスメイト、サークルの先輩や後輩、他大学の友達付き合いをしている人とも関係を持ち、ワンナイトも重ねた。

「おそらく、体質的にも性交渉に向いていたと思うんです。その最中はその人のことしか考えられなくなるし、胸は大きく、唾液がよく出て、唇、口の中が柔らかいので男性は喜びます。いわゆる『名器』だとは多くの人に言われていますから」

あまりに性交渉を持ちすぎて、大学で孤立したときは、相手に不自由した。かつてよりどりみどりだったが、誰とでもするると噂が広まり男子学生が玲奈さんと距離を置くようになった。性欲処理のために性産業に従事したことがある。

「『ヘルス』と呼ばれる店で働きました。いわゆる本番以外のことは、ほぼすべてをします。この仕事が向いていたらしく、月収は100万円を超え、指名のお客様がつくようになると、収入はさらに増えました。これは違法なので絶対にしてはいけないのですが、お客様によっては行為そのものをしてしまったこともあります」

相手から求められる喜びと、一時的にせよ愛し・愛される心地よさ。行為をしている間は自己肯定感がどんどん上がっていくのが自分でもわかったという。

「ヘルスで仕事をしていた時期は、就活と重なった。大企業は大学名で落とされ、その他企業も面接で落とされた。お祈りメール（不採用を告げるメールのこと）が来るたびに、地の底まで自己肯定感が下がった。その傷ついた心がヘルスの仕事で回復していくこともわかりました」

求められるまま転職

母親には「法律事務所でバイトをしながら弁護士を目指す」とそれらしいことを報

告し、ヘルスで稼いだ金で実家を出た。

「ヘルスを本業にすると決意しても、友達や家族の前で宣言できなかったんですよね。それに、体力勝負の仕事です。結局、働いていたのは20歳から27歳までの7年間なのですが、25歳くらいまでは仕事で存分に男性と肌を重ねてもまだ物足りなくて、男友達を呼び出して〝して〟いました。しかし、26歳から体力的にきつくなったんです。その頃から『これは一生の仕事ではないんだな』と思うようになりました」

26歳のときに、ナンパされた男性に大学名を言うと「そんなに頭がいいんだったら、ちょっとバイトしてよ」とその男性の友人が経営するＩＴ関連会社で入力のバイトをすることになった。

「当初はヘルス勤務と並行していました。でも、半年もしないうちに仕事量が増えていって正社員になり、ヘルスの仕事を辞めざるを得なくなったんです」

不倫の果てに

しかし、体は異性を求める。会社に男性は３人おり、いずれも30代で既婚、子供もいた。不特定多数の性交渉が好きなタイプの人はその中にはいなかった。社長からは

「ウチの会社では恋愛をしないでほしい」と釘を刺された。

そして、28歳のときに大きな転機があった。

「初めて恋をしたんです。12歳年上の男性と、心から愛し愛された。彼と交際しているときは『この人としかしたくない』と思いました」

相手は当時40歳の取引先の男性で、結婚していた。支配的な専業主婦の妻がおり、1日に3回、居場所の自撮り写真付きのLINEをしなければならなかった。

玲奈さんは妻からあっという間に特定され、執拗な嫌がらせを受けた。結局、男性は妻と離婚し、玲奈さんも彼も妻に対して多額の慰謝料を支払った。

「彼は42歳、私は30歳で結婚しようかと思いましたが、一緒に住み始めると彼の、優柔不断なのに独善的なところが愛せなくなった。私の父親と重なったこともありました。結局、2年同棲して、33歳のときに別れました。その間は、彼以外としなかったのですが、最後のほうは満たされなくって浮気していました」

同棲期間中、彼の性欲は減退していった。そもそも彼は離婚時に元妻の鬼のような形相を見たことなどがきっかけで勃起不全になった。仕事も多忙になり、体力的に行為をせずに寝てしまうようになった。

彼はコンプレックスと不安から、玲奈さんを支配するようになっていく。

「男がいる飲み会は禁止されました。残業も浮気だと疑って、自撮り写真を送るように言われたんです。元妻と同じようなことをしてくるんですよ。決定的だったのは、実家から転送されてきた同窓会の案内に〝欠席〟に○をつけて返信していたこと。性産業勤務のときは同窓会に出たいとは思わなかったけれど、今の私なら出られる。それなのにそういうことをするので、私の心も離れていきました」

「社内恋愛禁止」を破る

そして肌は異性を求める。彼としようと試みても、彼の男性機能は思うように働かない。

「発情とコロナ禍の初期が重なって、大変でしたよ。誰でもいいからできる人をアプリで探して、行為をして、その数日後に発熱したこともありました。すぐに熱が下がったし、味覚も嗅覚もあったので、陽性ではないと思いますけどね。人に会えないけれど性欲はあるので、器具を使って自慰していましたが満たされない。人間の重みとぬくもり、そして私を求める男性の肉体の変化、その後の快楽を求めました。回復すると、街で男性をナンパして、ホテルに行ったこともあります」

その後、彼とは別れた。そして、「社内で恋愛はしないでくれ」という社長から言われた禁忌も破ってしまった。

「私も33歳になり、加齢している。ヘルスで働く体力もないし、オシャレやファッションに気を配るのも面倒くさいし、そこにお金も使いたくない。既婚者に手を出すと大変な目にあうのは、前回学んでいる。手っ取り早く男性としたくて、転職してきたばかりの25歳の男性に手を付けた」

その男性は女性経験が少なく、一気に玲奈さんに夢中になる。しかし、2～3回関係を持つと、玲奈さんに欲望がなくなる。そして新しい対象を求めるようになる。

「今は性欲が盛り上がっていて、仕事中に自慰することもありますし、アプリで出会った人と乱交などもしています。大学時代のセフレに連絡をして、ウチに来てもらったこともあります。刺激を得れば得るほど、もっとほかの快楽が欲しくなるんです」

玲奈さんの話を聞いていると、生活習慣病になってしまう人の食生活を連想してしまう。甘い水を飲めば飲むほど喉が渇き、そしてその水は全身を巡り、血管や臓器を壊していく。それがわかっていてもやめられない。

「たぶん、依存症なんだと思います。女性ともしたことはあるんですが、男性器のように目に見える変化がないと、快楽のアタックが弱い。今、社内でしたくてたまらない。私が手を付けた25歳の男の子は、明らかに私を避けていて、社長はそれに気づいている。『次やったらアウト』という無言の圧力もあるんです」

ダメと言われると手を出したくなるという。快楽の先に何があるのか、それは玲奈さん自身が一番よくわかっているのだ。

第2章

あなたもはまってしまうかもしれない近場の沼

本章での「沼」は日常生活や健康的な生活にひずみをもたらすほどはまってしまうことを意味している。ひずみが大きくなった結果、破産したり、入院したり、警察沙汰になったりすることもある。

依存性が高い沼は大きく3種類あり、自らの能力を高めていく「自己鍛錬型」、現実から逃避する「逃避型」、そして「ニューノーマル型」だ。

3つ目のニューノーマル型とは、日常生活そのものがイレギュラーになることで、一時的に心身に負荷がかかり、通常とは異なる行動をしてしまうことを指している。古くは、2011年の東日本大震災時に原子力発電所が被害を受けたことにより、放射能を忌避するために普段なら考えられない行動をしてしまった人にインタビューをした。

そして、直近ではステイホームが叫ばれたコロナ禍に同様の行動をしてしまい、いわゆる「コロナ警察」状態になってしまった人に当時を振り返ってもらった。こちらは「コロナ禍影響型」といえる。

自己鍛錬型の沼から紹介する。

自己鍛錬型1

肉体改造沼

後遺症をも伴う命がけの沼

あだ名は「ドイツ豚」

現在、175センチ、95キロ程度のぽっちゃり体型の圭太さん（仮名・32歳）は、3年前に筋トレにはまった。その当時は、今より20キロほど、体重が少なかったとのことだ。

「小・中学校といじめに遭い、太っていることへのコンプレックスがありました。当然、モテない。このままではダメだと思い、29歳のときに筋トレを始めました」

その筋トレには沼のようにのめり込んだという。

圭太さんは都心から1時間程度の郊外のベッドタウンで、両親ともに高学歴な家の長男として生まれた。幼い頃に父親のドイツ赴任に帯同。現地の日本人学校に通った。

「思えばこの頃が一番楽しかった。ドイツはサッカー教育が熱心で、一流の選手が教えに来てくれた。ゴールキーパーのカーン選手を間近で見たときは感動しました」

小学校高学年で、日本に帰国。地元の小学校に通い始めたところ、壮絶ないじめに遭った。

「一応、日本人学校に行っていたから、日本人のトーン&マナーはわかるつもりだったけれど、やはり異質になってしまうんですよね。きっかけは学校に水筒を持ってきたこと。ドイツは水道水を飲まないので、生理的に水道水が飲めないんです。その結果、学校に水筒を持って行ったら、『なにそれ』と注目の的になりました。後はシャープペンシルを使ったことで、先生に目をつけられた。公立小学校は、鉛筆の柄まで決められている。ことごとく違う僕は反抗的ということになってしまい、めっちゃいじめられました」

それは、圭太さんがぽっちゃり体型だったことも大きい。

「白豚、ドイツ豚などと言われましたね。今でもいじめの中心人物の顔と名前は憶えていますよ。いじめの内容は壮絶すぎて語りたくありません。先生は見て見ぬふりをしていました」

妹の誕生

圭太さんの両親は、学校に行きたがらない息子に対して、厳しく接した。四面楚歌のストレスは、食べることに向く。

「ウチの親は教育には厳しかったですからね。僕は祖父母が好きだったのですが、『圭太を甘やかすから行かせない』と言われました。親は自分ができることは『息子もできて当然』だと思っているんです」

風向きが一段と変わったのは、日本に帰ってきてから11歳年下の妹が生まれたこと。

「妹は3歳くらいから『頭がいい』という素質を見せ始めて、その後は親の望み通りの人生を歩んでいます。妹は中高一貫の名門女子校に苦労せずに合格。そのまま超有名国立大学の理系学部に合格。そして今、英国に留学中です。理系なのに英国では自分を補強するために文系の社会学を学んでいるのです」

妹には、某有名グローバル企業から、スカウトが来ているという。

その一方で、圭太さんはいじめで不登校になり、中学は公立中学校と並走し、フリースクールに通う。高校は親のすすめで、私立大学付属高校を受験し合格。卒業するまでの3年間、ほぼ誰とも口を利かなかった。

「そのままエスカレーターでFラン大（河合塾の入試難易予想ランキング表で『ボーダーフリー』とされる入学が容易な大学の総称）に進学するも、ホストまがいの男子学生や、ガールズバーにいそうな女子が多く、中退しました。アルファベットも書けない人や多目的トイレで性交渉を行うような人もいて、本当に嫌気がさしたんです」

●月7万円の小遣い

中退後の現実逃避は、アーケードゲームの『鉄拳』だった。昼夜はほぼ逆転し、ゲームセンターに通う。

「高校時代に、親がとやかく言ってきたときに、衝動的に死のうと思ったんです。それにビビった親が、僕のことをあきらめてくれた。その結果、月7万円の小遣いをもらえることになりました」

20歳になった息子に、7万円の小遣いを渡す47歳の優秀な両親。共働きだからできるのだろう。

「家事もしていましたからね。妹の塾弁当とかつくっていましたよ。そんな生活が1年続き、それがあまりにもラクでヤバいと思い、バイトを始めたのです」

採用されたのはコンビニと飲食店。いずれも2時間で「ムリです」とバックレた。「結局、人と顔を合わせるのが嫌だとわかったんです。だから、ラブホテル清掃のバイトを始めました」

筋肉を鍛えれば人生が変わる

人と会わずに仕事ができる清掃の仕事は性に合っていたらしく、気が付けば29歳になっていた。清掃機器の使い方も覚え、風俗店の清掃も任されるようになっていた。

「それでも、コミュ障（コミュニケーションがうまくできないこと。この場合は対人恐怖が強いこと）だから『社員になれ』とは言われない。そんなとき、僕をいじめた子に子供が生まれたと知ったんです。そいつは親の水道設備会社を継いで、そこそこいい生活をしている。自分ばかりが不幸だと思ったときに、『筋肉を鍛えれば人生が変わる！』みたいな記事を読み、自己流で筋トレを始めました」

毎朝、腕立て伏せと腹筋を100回以上行うと、1週間で変化が出た。

「動画を観ながらやっていたのですが、体がいい感じに変わってくるんです。腰痛が緩和したり、気持ちが前向きになったりして、『あ、オレ変わった』みたいな感じ」

●貯金のすべてを筋トレに

自分に変化があると、筋トレにのめり込んでいく。動画を観て、自己流で行うことに限界を感じ、筋トレで有名なジムにも通った。その費用は約50万円。貯金のすべてをつぎ込んだ。

「そこそこかわいいトレーナーがついて、栄養アドバイスを受けるんですが、プロテインとか低糖質のチョコレートケーキとか、サプリメントをすすめてきます。女性と話す機会などほとんどないので、舞い上がってしまって10万円分くらい買いました」

筋トレを本格的に始めるとお金がかかる。食べるものは鶏の胸肉や牛の赤身肉など、高タンパク低カロリーな食品が中心になる。

「それまで、コンビニ飯や半額になった弁当、家にある僕用の米（両親は成績優秀な妹用の食材は〝いいもの〟を別途購入していた）を食べていればよかったんですが、そんなものを食べていたら筋肉は育たないし、体は絞れない」

そこから特異な食生活が始まる。午前中にジョギングの後に筋トレをしてから、5個の生卵と疲労回復のビタミンEのサプリメントを摂取。そのほかに、マルチビタミンやビタミンC、鉄などのサプリメントを飲む。その後、昼寝をして、家事を済ませてからジムに行き、2時間トレーニング。豆腐パックをスプーンですくって食べ、再び大量のサプリメントを飲み、清掃の仕事に行く。

「豆腐パックは赤身肉ステーキになることもありましたが、変わりませんね。それで2カ月もしないうちに、体重は70キロ台まで落ちました」

摂取するタンパク質は毎食200gを目指した。『日本食品標準成分表』（5訂）を見ると、木綿豆腐100gあたりのタンパク質は6・6g。豆腐1丁は約300gなので、タンパク質を取るためには、12丁以上を食べなくてはならない。

「だから、プロテインドリンクを飲むんです。プロテインに加えて、豆腐も食べる。筋トレを知ると、すべての栄養はサプリメントで取れるとわかる。でも、食事は娯楽の一環であり、咀嚼力を落とさないために必要だと思い食べていました」

逆ナンパでホテルへ

そんな生活をしていれば、変化は目に見えるように起こる。両親は圭太さんに「違法薬物に手を出していないか」と言った。

「徹底的に僕を信じていないんですよ。父に筋トレの話をしたら、『その勢いで勉強もしてくれたら、こんなことにはならなかったのに』と言われました。一方、妹は『兄ちゃん、イケてんじゃん』と言ってくれましたね」

2カ月間、筋トレ沼にはまり、逆ナンパもされた。34歳だという会社員の女性に六本木で声をかけられて、ラブホテルにも行った。

「女性としたことはなかったんですが、性交渉は適当にするもんじゃないですね。いじめられているときと同じような気持ちでした。しかも、いじめのときとは違い、素っ裸でしょ。怖かったですね。でも、肌と肌が触れあう感じは、気持ちよかったです」

この性交渉の後、下半身に違和感があり病院に行ったら、クラミジア感染症と言われた。

「ああいうのって、ニオイと症状でわかるみたいですね。すぐに薬を出してくれました。僕、どこまでもついていないんです。トレーニングを通じて、コミュ障もそれなりに改善していたので、お医者さんに事情を話したら、『それは大変だったね』と言われて、血液検査も行いました。2週間後、検査結果が出るまで本当に怖かったです」

医師は「今回はセーフだったけどＨＩＶだけでなく、淋病や梅毒も多いから気を付けてね」と送り出してくれたという。

●筋トレ沼で得たもの

結局、筋トレ沼は２カ月で終わった。

「気力が出ない、頭がボーッとする、怒りっぽくなる。そして、関節が痛くなったことや、トレーニングのし過ぎでケガをしたのか、膝が曲がりにくくなるなどがありました。あとはサプリメントの出費と食費がハンパないこと。月３万円以上かかるし、ラーメンやカレー、パスタを我慢するのがつらかった」

圭太さんが通っていたのは、短期集中型のトレーニングジム。その施設の方針なのか、初心者には厳しいメニューを課すのか、チートデー（自分を甘やかし、なんでも食べていい日）を設けていなかった。

「経験豊富なトレーナーというよりは、サプリメントを売りつけられていたような感じですね。ジムの契約期間が終わり、新たなコースをすすめられましたが、『もういいです』と断りました。途中でカモられているのがわかるんですよ」

その後、半年もたたずに体重は戻った。

「最初に食べたのは、大盛りカルボナーラ２皿。たぶん、豆腐の食べ過ぎで、胃袋が大きくなっていたのか、軽く入りました」

暴飲暴食を続け、体の痛みも生じたが、よかったことはある。

「コミュ力がついたことです。清掃の仕事の同僚から、飲みに誘われたりもするようになりました。あと、自分も痩せられるということがわかったことでしょうか。カモられる雰囲気を察知できるようになりました。おそらく、僕が通っていたジムは、サプリメントの売り上げで、トレーナーの給料が決まっていたんだと思います。何かを売りつけようとする人の独自の雰囲気がわかるようになりました」

彼はまだ得るものがあった。それは人間の本心を見極める目だ。しかし、健康な生活は失った。今もひざの裏には痛みが残る。「やばいな」と思うときは、歩くのをやめてタクシーに乗る。裁判をしようにもトレーニングとの因果関係は立証できない。

過度な筋トレによる後遺症は圭太さんのほかにもあちこちで聞く。Aさんは過度な筋トレと糖質制限で腎機能に異常をきたした。Bさんは無理なワークアウトで靱帯を損傷し、足を引きずっている。Cさんは過度なキックボクシングトレーニングで頸椎ヘルニアになり、一カ月の入院をしたなどだ。

危険をはらむが、「やめては努力が水泡に帰す」と思ってしまう筋トレ沼は、命がけなのだ。

自己鍛錬型2

美容整形沼

ますます認知され続け、裾野を広げ続ける沼

いじめられ続けた10代

容姿にまつわる沼において、いじめの経験が背景にあることが多い。人に会う機会が極端に減ったときに、美容整形手術を受ける人が増えた。それは、ダウンタイム（施術後に回復するまでの時間）に、誰とも会わなくて済むからだ。

春香さん（仮名・34歳）は、広告関連会社に勤務している。都内の中堅大学卒業後、6社の転職を経て、今の会社に落ち着いた。

「ブラック企業ばかりでした。今みたいにコンプライアンスなどと言い始めたのはここ数年。それに、フェミニズムとか男女同権とか言い出したのもここ最近。それも大手限定です。私が勤務している中小企業はガチでブラックですよ」

春香さんはほっそりとしていて、目が大きい。くっきりとしているアーモンドアイ

であることがわかるが、やはり不自然であることは否めない。マスクをしているとはいえ、表情がどこかしっくり来ないのだ。

「日本は美容整形にネガティブなイメージがありますよね。『ありのままが一番』と言いながら、女性をブスなどと平気で言う。そして、アイドル風の容姿の人以外は、ブスとひとくくりにされます。私、小学校・中学校と太っていて、すごくいじめられたんです」

そのいじめの内容は壮絶だった。給食に異物を入れられたり、トイレの上から牛乳混じりの汚水をかけられたこともあったという。

「これ以上は話しません。あまりにも暴力的なので、引きますよ。地方の学校って、めちゃくちゃ閉鎖的な集団なんです。そこで人間以下の認定をされてしまうと、『ブスなブタには何をしてもいい』ってことになるんです」

体育の時間でペアになった相手に消毒液をこれ見よがしにかけられた。修学旅行は集団行動班の人に撒かれてしまい、1人でホテルの非常階段に座っていた。

「だから、私のような人間にとって、コロナ禍ってホントに素晴らしいんですよ。だって行事をしなくてもいい。修学旅行に行かなくてもいい。部活をやらなくてもいいなんて、最高じゃないですか。世の中で発言する人は陽キャ（明るいキャラクター）の人ばかり。マスコミにいる人も、ＳＮＳで発言する人も生まれながらの勝者ですから」

私の顔はゴミ

高校は猛勉強して、その地方で一番の進学校に行った。

「国立大進学者が多い県立高で、みんな他人に構わず勉強ばかりしている。いじめをする暇がないんですよ。ホントに鬼のように周囲が勉強しているんです。私も勉強のし過ぎで体調崩して3年間で15キロ痩せました。スタイルはよくなったけれど、小中で『毛ガニ』と呼ばれた毛深さと、低い鼻、小さな目はそのまま。痩せて貧相になった分、『顔のゴミ』っぷり……いいところがひとつもない私の顔は、ゴミより価値がないんです。そのゴミっぷりが際立ち、鏡を見るたびに死にたくなった」

地方にいれば、ショッピングモールでかつてのいじめる側だった人たちに会ってしまう。だから東京の大学に進学することにした。

「入学金減免をしてもらえる中堅大学に進学しました。格安の寮に住みましたが東京はとにかくお金がかかる。同郷の先輩から『手っ取り早く稼ぐには、夜の仕事がいい』

と言われましたが、私は容姿で落とされた」

ガールズバーの面接に行ったら、「整形してからおいで」と言われた。「恋愛も就活も外見至上主義。中身が優秀でも『顔がゴミ』だと誰からも相手にされない。そこで、メイクの腕を磨くことにしました。メイクでかわいくなったら、恋人もできた。でも今度はメイクを落とすことが無理になった。体の関係にすすめないから自然消滅する。そういうフェイクの自分を生きるのが嫌で、20歳のときに性産業でバイトをして、夏休みに目と鼻を整形したのです」

整形で得た自信

目はまぶたの「蒙古ひだ」と呼ばれる部分を取る手術を行った。これにより、目の横幅が広がって、立体的な顔立ちになった。鼻の穴を小さくする小鼻縮小の手術を行い、両方で100万円程度だった。

「切って終わりかと思ったら、違うんですね。抜糸までに1週間以上かかりますし、それから1カ月くらいは局部が赤く腫れて怖かったです。化膿止めの抗生物質で胃が荒れました」

完全に術跡が消えるまでは、２カ月程度かかった。

「自分では見違えるほどきれいになったと思っても、大学では誰も気づかない。顔が変わると自信が出てきて、就活でも堂々と話せるようになりました。でもウチの大学のレベルでは、大手企業の就職はムリでしたね」

就職活動は熾烈《しれつ》を極めているという。エントリーするには、企業説明会に行かねばならない。ある大手企業に勤務する男性（24歳）に話を聞いたことがある。彼は早稲田大学の政治経済学部を卒業している。

「僕が説明会申し込みサイトにアクセスすると、エントリーができるんです。しかしそれ以下のレベルに行っている友達には満席と表示される。友達だって〝GMARCH（学習院・明治・青山学院・立教・中央・法政大学の頭文字）〟ですよ」

企業サイドは、より優秀な学生を採用したがっている。それは容姿も同じだ。春香さんは「もっときれいなら、人気のＩＴ企業にも入れたと思う」と、当時を振り返る。

●「醜い」から大切にされない

そして春香さんは社会人になると、すぐに婚活を始めるが、「まともな」男性からは早々に断られた。「まとも」というのは、定職があり、感情を律することができ、目立った差別をせず、身の周りのことは自分でできる清潔感がある男性だ。

「そもそも、まともな男性は大学時代に売約済みなんです。彼らは先見の明がある堅実な女の子がロックオンしている。それに気づいてから婚活は焦りました。私に来るのは初対面時点で上から目線の人とか、見栄っ張りの人とか、あおり運転しそうなタイプしか来ない。そうこうするうちにあっという間に10年ですよ」

この10年間、短期でしか男性と交際できず、彼女として大切にもされなかった。それは自分が醜いせいだと思い、美容整形を繰り返した。

「前はタレントさんなど理想の顔に近づけようと思っていたのですが、今はアプリで撮った（補整した）自分の顔が理想」

春香さんは、これまでに「外車が数台買えるくらい」美容整形、美容施術代にかけている。1000万円以上、2000万円以下というところだろうか。

整形費用のためにパパ活

その費用は、祖母の遺産やパパ活などで得ている。パパ活について、どのような男性と交際するのかと聞いたところ、会社経営者が多いという。

「二代目、三代目社長で、地方の人もいますよ。男性って、一度『この子でもいいかな』と思ってくれると、リピートしてくれる。最初は相手をお金だと思って、無理やりでも恋人気分で接する。そうするとまた連絡が来る。そして飲んで、ホテルの部屋に呼ばれて流れでそういうことになるんです。

私は基本的にお金さえもらえれば、なんでもアリだと思っているし、（性嗜好に対して）ＮＧがないから、結構もらえるんですよ。慣れてくると、お金を払わず済ませようとする男性がいるのですが、そういうときは『悲しいけど、もう会えないかもね』と言い、気持ちを切り替えます」

定期的に繰り返される「お直し」

営業の社会人経験が生きている。仕事のスキルをパパ活に生かすのには切実な理由がある。美容整形は、施術して終わりではないからだ。

もともと自然にある筋肉などに手を入れているから、放置すると歪みのようなものが出てしまい、それを定期的に補正しなければならない。

「二重まぶたの幅が左右ずれるといった小さなものから、鼻のプロテーゼの交換手術など、『お直し』が必要です。絶対はないんですよね。何度やっても怖いですよ。でも、やるたびに、あそこが嫌だ、ここが嫌だと感じるようになる」

コロナ禍で春香さんは、骨を削ったという。

「私はあごが長く、えらが張っているのが本当に嫌なんですよね。マスクで隠せるからこそ、嫌悪感がすごくなりました。骨を削ることは、ダウンタイムが長い。コロナ禍で人と会わなくて済むから、決心したんです」

顔の骨をガリガリと削る……聞いているだけで背中がゾッとする人もいるだろう。ダウンタイムも2カ月間で、術後は顔が倍に腫れたという。

「術中は麻酔をしているから痛くないですが、その後は激痛が続く。でもダウンタイムが明けたらキレイになっているんです」

取材当時、32歳の春香さんと話していると、10代後半の女性と話しているような感覚に陥る。自分ではない何かになりたくて、ブランドものを欲しがったり、必死でダイエットをしたりしていた10代の頃。その当時の自分やその仲間たちのようだ。

そんなふうに考えていると、目の前の春香さんが「今の10代はいいですよね」と言うので、ドキッとした。

「だって、アプリが発達して、自撮り画像がいくらでもかわいく盛れる。私の時代は、当時人気だったアイドル顔や女優の顔になりたいと、その写真を持って行くしかなかった。自分と違う顔になるから、負荷がかかった。でも今の子は、自分の顔をベースに理想の顔を作れる。それってすごくいいと思うんです」

春香さんは小学校から中学校の約9年間、容姿を原因に壮絶ないじめを受けた。そのときに、美容整形の施術を受けていれば、いじめられなかったのではないかという「もしも」を生きているようにも感じた。

「それはないと思います。あのときに、痩せて、歯列矯正をして、目と鼻をかわいくしても、いじめられていたと思う。なんだろう……、〝空気〟ができちゃうと変えられないし、いじめってそんな単純じゃないですよ。これはいじめられた人じゃないとわからない。環境を変えないと無理なんです」

●裾野を広げる美容医療業界

米国の調査会社、REPORT OCEANが2021年6月に発表したデータによると、美容医療市場は2021年から2027年の予測期間において、9・25％以上の健全な成長率が見込まれている。

矢野経済研究所『美容医療市場規模推移』を見ると、国内の美容医療市場は2014年から2017年の間に、114・88％の3252億円に拡大。美容医療に携わる医師に話を聞くと、男性や中学生、高校生まで裾野が広がっているという。

「今、小学生もインスタやTikTokをやって、自分の容姿について真剣に考えている。子供がいる人に話を聞くと、小学校からダイエットしているというし。ユーチューブの動画を見て、小学生が2週間で4キロ痩せるとか、みんな必死なんだなと。容姿が悪いと生き残れないからでしょう」

確かに、街で見かける子供たちはみんなほっそりしている。あれはダイエットのたまものだったのか。

「容姿を気にするな、という教育をしているようですが、言えば言うほど、差別感情は隠されてガスが溜まる。蓋をし続けるといずれ爆発しますよ」

表面上は、誰もが平等な世界。しかし、マイナスとされる感情は、沼の底に潜っていく。

●マスク生活による美意識の変化

コロナ禍の長引くマスク生活も美容医療市場規模の拡大に影響すると推測されている。

２年以上にわたり、顔の一部をマスクで覆い続ける生活を続けていると、「素顔を見られるのが嫌だ」と考える人も多い。

人は見えていない部分を、好意的に考えてしまう傾向があるという。「マスクイケメン」「マスク美人」などの言葉が日常的に語られるようになるのは、目の印象だけで全体像を美化しつつ想像しているからだろう。

それに、「容姿のコンプレックスは顔の下半身に集約される」とも言われている。例えば、鼻の穴、歯並び、唇の形、あごの形や向き、輪郭など。

また、加齢もコンプレックスになる。見た目の印象を左右する「ほうれい線」と呼ばれる小鼻から口の横にかけて刻まれるしわも『顔の下半身』にあるのだ。

マスクをしていれば、これらのコンプレックスを丸ごと隠すことができる。

●給食中は教室の電気を消す中高生

都内の私立中高一貫共学校の教師は、「ウチの生徒はマスクを外したがらない。特に中学生は、熱中症の恐れがあるから屋外の体育ではマスクを外せと指導しているけれども、絶対に外さない」と頭を抱える。

この学校では、昼食時に正面を向いた黙食を推奨しているという。食事のときはマスクを外す。いつの頃からか、生徒が教室の電気を消すようになったという。

「たぶん、食べているときの顔を見られるのが嫌なんでしょうね。どこのクラスでもそうしています。電気をつけると、消されてしまう。落ち着いて食べられないから消してほしいと言われ、電気をつけるとマスクをつけて弁当をしまう子がいるので、そうするしかない」

マスクへの依存度が高いのは、中学生の女子生徒が多いという。マスクを外した顔を友達に見られて、「そんな顔だったんだ。もっとかわいいかと思った」などと言われ、一時的に不登校になってしまった生徒もいるという。

また、自分の顔が醜いと思い込む「醜形恐怖症」と思われる生徒は多い。加えて、マスクを外したら友人との交流ができなくなるのではないかと不安になる「社交不安症」が疑われる生徒もいるという。

長引くマスク生活の弊害は、容姿を隠し続けることによるコンプレックスの肥大と、コミュニケーションに出始めている。

この学校では、感染対策を行う上で強制的にマスクを外す練習を行うことも考えているそうだ。当該の教師は、「外しても、そんなに悪いことも不快なことも起こらないという練習を行うことで、リハビリをしていく。生徒のマスク依存は、ウチの学校だけではない」と語っていた。

また、マスクをしていれば、口が半開きであろうと、笑っていようと隠していられる。無防備な表情に慣れてしまい、「外したときの緊張感に耐えられない」と語る人もいるという。

マスクを外す日はいつか来るだろう。その日のために美容整形外科は今日も盛況なのだ。

春香さんは今日も美容整形について考えている。肉体的に痛みを覚えるほどに「キレイになりたい」と言いながらも、努力をしない女性への憎悪を募らせていく。

若く美しいことが〝美〟とされている。しかしそれは毎日目減りし続ける。

貯金が尽きるのが早いのか、若さという砂時計が落ちるのが早いのか、そのレースがどこまで続くのか。それは春香さんにもわからない。

自己鍛錬型3
マッチングアプリ沼
一生ものの結婚か、一瞬のときめきか

●婚活リングに上がれないまま30代半ばに

2022年4月に、名の知れた女優（41歳）と一般男性との真剣交際が報道された。その出会いがマッチングアプリであることが公表され、40代以上にも一気にマッチングアプリは広まった。

都内の金融関連会社に勤務する美紀子さん（44歳）もその1人だ。

「それまでマッチングアプリに対して、若者がやるものであり、かつての『出会い系サイト』のように不快な思いをするはずだと思い込んでいたんです。それに、私はSNSもほとんどやっていない。『顔写真を出して危険では？』という思いもありました」

美紀子さんのようなタイプの女性は多い。就職氷河期でやっと就職先を決めるも、ブラックな働き方で、５～６年が経過する。そして、28～30歳くらいに仕事が楽しくなると同時に余裕もでき、結婚を意識しかけるも、性的役割分担や女性のイメージに阻まれる。

「私がアラサーと言われるようになったのは、２００５～７年頃。この頃は〝大人かわいい〟女性が大ブームで、仕事をしながら、家族にも献身する女性がメディアに登場していました」

たしかに睡眠時間を削り、〝主人（夫）〟のために尽くす女性がもてはやされていた。当時、育児雑誌で「ワーキングマザーの１日」のような特集が組まれていたのを見たことがある。１日の睡眠時間が３～４時間で、ほとんど自分の時間がないタイムスケジュール。それがあたかも素敵なことのように書いてあり、ゾッとしたことを覚えている。

「そうなんです。『忙しくても化粧くらいしろよ』みたいなトーンの漫画やドラマもありましたしね。私はこの通り、シンプルでボーイッシュです。いざ婚活をしようとするなら、ピンクのワンピースや花柄のスカートをはかなくてはリングに上がれない。先延ばしをするうちに、30代半ばになりました」

その頃は、不妊症がメディアで取り上げられていた。いつの頃からか「30代半ばでは自然妊娠は難しい」などと言われるようになっており、婚活市場から戦力外通知をされたような気持ちになったという。

ところで、恋愛はしていなかったのだろうか。

「ワンナイトばかりでした。きちんと交際したことはないです。相手は行きつけのバーの常連とか、その店主とか。閉店後の店内でそういうことをしたこともありましたよ。みんな妻子がいましたけれどね。たぶん、お互いに性欲を処理したかったんだと思うんです」

美紀子さんが38歳のときに、子宮筋腫の手術をした。それからは、性欲がぱったり止まってしまったという。

「病後の自分を大切にしたいと思ったんです。その後、20代の男の子と何回か関係を持ったのですが、その人が別の人と結婚してしまった。それから数年経過した今年、女優のマッチングアプリ報道があり、『これはやってみるのもアリなのか⁉』と登録をしたんです」

恋もせずに死ぬのは嫌

そこには、コロナ禍で「このまま恋もせずに死ぬのは嫌」という思いもあった。

「年齢といい、容姿といい、特に優れたものがない私に対して、ウソみたいに『いいね』が来るんです。通知が鳴りやまなくて、スマホの充電がみるみる減りました」

「いいね」とは、男性登録者からの「あなたに会いたい、興味がある」という証でもある。それが殺到しているということは、美紀子さんに女性としての魅力があることにほかならない。

年齢を重ねており、容姿も人並みな女性になぜ、そこまで「いいね」が殺到するのか。それは、男性の登録人数が多いことにある。

主要なアプリは10ほどあり、それぞれのアプリが公表している登録人数は、１００～４００万人。海外のアプリなら、その単位は億に跳ね上がる。マッチングアプリは「条件が合う人」をつなげるプラットフォームだ。

「たしかに『女ならだれでもいい』というような人もいました。でも全然、数が違う。今まで、大学や職場、行きつけのバー、趣味などで相手を探していましたが、マッチングアプリをやってみると、『ここは魚（男性）がたくさんいる海だな』と思いました。今までの出会いを喩えるなら池……いや、違うな。コップの中で探していたと思います」

かつては友達の紹介もあったが、今はもうない。

「それに、この年で『恋愛がしたい』なんて、恥ずかしくて周りには言えません。でも私もアラフォーと言われる年齢になり、仕事も安定し、経済的にも余裕があるのに、寂しかったんです。実際にやってみると、40～50代も多いし、『オバサンじゃないとダメ』という若い男の子も多いんですよ」

マッチングアプリ最初の相手はイケメン大学生

美紀子さんが最初に会ったのは、22歳の大学生だった。

「イケメンで若々しくてかわいい。すごく緊張していたのですが、それを解きほぐしてくれて、流れでホテルに行ったんです。びっくりするくらい上手で、『大人5、月

2でどう？』と言われました」

〝大人〟とは、1万円札のこと。彼の言うことを翻訳すると、「月5万円で、デート2回はどうか」という提案になる。

「もちろん、断りました。そしたら、私がシャワーを浴びている間に、いなくなっていました。財布の中にあった2万円の現金も消えていた。メモが置いてあり、『もらっていくね』などと書いてあったんです」

女性が経済的な庇護者を見つける「パパ活」には、専用のマッチングアプリがある。当然男性の「ママ活」のマッチングアプリもあるが、怪しいものも多い。

「アカウントを見たら削除されているし、運営側に通報しても、お金は取り戻せない。でも、あれだけよかったので、いいかな……と思って泣き寝入り。あれから財布にお金を入れずに出かけるようになりました」

マッチングアプリ運営会社は「インターネット異性紹介事業」の届け出が義務だ。ユーザーも登録時に公的身分証明書を運営会社に提出するなど、本人確認が徹底されている。なりすましや経歴詐称は基本的にないとされているが、撮影して送るだけの身分証明書は偽造できる。実際はいたちごっこではないかと言う。

ウチのママと同じ年だ

しかし、一度知ってしまった、「いいね」の快楽と、肉体の快楽。美紀子さんはその後、様々な男性と会う約束を取り付ける。

「最初は同世代で真剣に交際できる人を探していましたが、若い体に目覚めてしまった。自分で自分に『セクハラするオッサンかよ』とツッコミを入れつつ、20代のイケメンを中心に10人くらい会いました。すっぽかされたのは3回くらいかな。今の子って、みんな優しくてきれい。オラオラした子とか、マウンティングする子はいません。でも『ウチのママと同じ年だ』とは言われたことがありました」

平日の夜、ムラムラすると、アプリを開いて会っていた。若い男性の肌と触れ合うことは、美容液以上の効果があったようで、肌つやがよくなったという。

「もっとイケメン、もっと高学歴、もっとオシャレな子……みたいな感じで物色していました。それはやはり、彼女として付き合いたいという気持ちがあったからかもしれません。同僚や親からは『結婚しない変人』みたいに扱われていて、そんな私が一発逆転でいい男を捕まえて、結婚する。それに驚くみんなの顔を見たらスカッとするなと妄想していました」

出会いに潜む危険

リアルな人間関係を伴う出会いとマッチングアプリでの出会いは大きく異なる。アプリではプロフィールだけを頼りに全く知らない人とコンタクトを取るのだ。

ママ活男子のほかに、ネットワークビジネスや投資詐欺の餌食を探す温床になっているものもある。

「そういう人は多いです。ある程度、メッセージのやり取りで性格がわかるのですが、見破れなかったことはあります。あとは宗教やスピリチュアルセミナーなどもありました」

ストーキング行為をされたこともある。

「自称医師の若いイケメンで、話が全くかみ合わなかった。私が話したことに対して、『それは正解』『わかってないな、不正解』などとジャッジだけをする。不快になって帰ろうとしたら、『なんで？』と言われて……。振り切るように帰ってきました」

すると、後をつけられており、自宅を特定されたという。

「私、大学時代からストーカー被害に遭うことが多かったので、こっちが堂々としていれば、そのうちいなくなることを知っている。その男性は3日目くらいにはいなくなっていました。

薬を飲まされそうになったこともありますよ。トイレに立って帰ってきたら、飲み物の味が変わっているのに気づいて、それから口をつけなかったんです。すると、相手の男性は『じゃあ、ワリカンで』と言って、そそくさと帰っていきました」

アプリで一瞬の恋をする

そんなことを繰り返しているうちに、あっという間に2年が経過してしまう。その間に100人以上の男性と関係を持った。

「今も沼にははまっていると思います。やはり、若い男がいいですから。それなりにキレイにしていれば、意外なくらいマッチングできます。この2年間で気づいたのは、結婚しなくてよかったということ。同世代の男性が、いかに高圧的か、男尊女卑か、そして肉体的にも衰えているか。そういうことがわかってくるお年頃ですしね」

若い男性は、すね毛、腕毛、ひげ、腋毛、指毛に至るまで、永久脱毛している人が多いのだという。

「私たち40代は90年代のトレンディドラマが理想だから、リアルな恋愛がしづらいんだと思うんです。ステキな人は誰かと結婚しているし、もし自分が美しい男性と結婚できても、年齢とともに毛が薄くなったり、ぽっちゃりしていくのを知っている。でも、アプリで彼らと会うのは一瞬だし、そのとき私は恋愛の主人公になれるんです」

しかし加齢とともに、ゲットできる男性の質は変わってきた。

「この2年間で、若くてきれいな子とは会いにくくなったと思います。それだけたくさんの男の子と会ったのに、付き合っている人は誰もいないんです。あと、始めた頃とくらべて、きちんと会話ができる人が減ったと思う。会っても、短時間でさっさと帰られてしまう」

ところで、ラブホテル代はどうしているんだろうか。

「最初がママ活男子だったので、そのあとはなんとなく私が払っていましたが、ある男の子が『女性には払わせたくない。僕が払う』と言い張ったんです。その子には感動しましたね。それ以来、ワリカンか男性が払うことが多いです。一応、マッチングアプリだし、デートみたいなものだから」

どこにも行かない、先がないワンナイトの恋愛の繰り返し。それは性産業にも似ている。

「違いますよ。私がお金を払っているわけではないですし、一応、お互いが『いい』と思って関係を持っているし、デートもしますしね。パパ活やママ活、性産業はお金を払っているほうの力が強い。だから、支払われる側は断れないじゃないですか。でもマッチングアプリは違います。お互いに合意の上なので対等。全然違いますよ」

くすぶり続ける結婚願望

美紀子さんは、「いい人がいないかな」と思いながらも、今日もマッチングアプリを使っている。

「真面目な婚活アプリは変わった人しかいないと感じたので、出会いに特化したものを使っています。この2年間でそれなりにキレイになったので、いい男性も来るんです。20〜30代のそれなりに素敵な男性と会っていると、『この人と付き合いたい』と思うんですが、距離を詰めようとすると断られてしまうんです」

誰かと付き合いたい、結婚したいという願望がありながら、目の前のワンナイトを優先してしまう。マッチングアプリには背後の人間関係がないので、どれだけ奔放になっても人の目を気にしなくていい。

それが利点でもあるが、歯止めが利かない沼にもなる。

「マッチングアプリをやめるか、くすぶり続ける結婚願望を消すか、どちらかを選ばないと後悔するとは思っているんですが、両方やめられません」

そう話している間も、アプリには「いいね」がついたアイコンが光る。承認欲求を満たすこの通知が、沼の正体かもしれない。

結婚できる可能性がある装置

都内に住む40代のシングルマザーで派遣社員をしている女性は「現実世界では『コブ付きの事故物件』扱いされている私に対して、結婚歴がない39歳の官僚が本気で交際を申し込んできたときは、嬉しかったし、『勝った』と思いましたよ」と語った。

「何に勝ったのか」と聞くと、「わからない」という。この女性はその官僚と交際するも性格の不一致で別れる。それから半年後に同じくバツイチの同級生の男性と再婚する。おそらく官僚は今も独身ではないかと語る。

現代の日本において、50歳までに一度も結婚しない人の割合を表した「生涯未婚率」の最新データ（平成28年度 人口動態統計特殊報告「婚姻に関する統計」の概況）を見ると、男性が28・25%、女性が17・81%だ。42年前のページを見ると、男性が2・6%、女性が4・45%とその多くが結婚している。

40年間で「生涯未婚率」が上がっていることがわかるが、構成割合をみると、「夫妻とも初婚」は減少傾向だ。その逆に「夫妻とも再婚又はどちらか一方が再婚」は上昇傾向にある。

1975年には12・7%だったのに、2005年には25%を超え、2015年は26・8%に上がっている。つまり、生涯結婚しない人の数が増加する一方で、何度も結婚する人の率も増えているのだ。

そんな時代にマッチングアプリは「いつでも出会える＝結婚の可能性がある」装置として多くの人に支持されている。

しかし、際限なく供給される恋愛のパートナーと安定した関係を結ぶためには、人の話を聞いたり、共感したりするスキルがないと、非常に厳しいのだ。

自己鍛錬型4
SDGs沼
本音と建前が交錯する世界

友達や恋人よりも環境問題

浩平さん(32歳)は広告代理店勤務を辞めて5年になる。現在は派遣社員として働いているが、生活はギリギリで、友達も恋人もいないという。それは環境問題について真剣に考えているからだ。まずはそのキャリアについて伺った。

「子供の頃から環境に興味があり、故郷の九州の自然が破壊されるのを危機感とともに調べていたんです。特にウチの近くにある池がアオコで臭くなることについて、危機感を覚え、役所に抗議文を送ったり、親が買ってくる洗剤の銘柄についてもキレるように文句を言っていました」

浩平さんが言う「アオコ」とは、プランクトンのことだ。洗剤、農薬、肥料などに含まれる、リンやちっ素など植物プランクトンの栄養になるものが川や湖などに流れ込むと、富栄養化が起こり、発生する。アオコが発生すると、水が臭くなってしまう。「大人に抗議をしても、『うるさい』と言われるだけ。母からは煙たがられていました。でも中学・高校生になると、世の中のことがわかってくるし、部活や受験で忙しくなる。環境問題よりも取り組む課題が多くなり、次第に忘れていたんです」

環境問題というビジネスモデル

都内の中堅大学に進学し、環境についての活動を再開した。

当時は「サスティナブル（持続可能）な生活」というスローガンが掲げられ、「Reduce（リデュース／極力資源を使わずに生産する）、Reuse（リユース／再利用する）、Recycle（リサイクル／廃棄物の有効活用）」が叫ばれていた。

「自分が主導して、環境問題の活動をしようと大学に入ったら、ガチ勢は本当にすごかった。企業から広告を集めるためにフリーペーパーをつくり、そこには大企業が協賛していた。1000人単位で学生を集めてイベントをやっていたりして、会社のようでした。僕がやっていたような、役所に意見書を出すとかのレベルではなかったんです。もちろん、僕もその活動に参加し、イベントでパンフレットを配ったり、友達に啓蒙活動をしたりしていました」

環境にまつわるイベントは多くある。そこは出展料も高く、1日に動くお金は億単位のビジネスモデルとして成立している。

「活動をしていて思ったのは、結局、『建前だけで行動していない』ということでした。企業の担当者は『みなさんの活動を応援しています』と言っても、それは会社的に『こういう団体を応援して、環境に配慮する未来を考えています』というPR要素にしたいだけ。活動している学生にしても、就職活動のときに切るカードの1枚程度にしか考えていない」

空調がガンガンにきいた部屋で夜中までかけてつくったフリーペーパーは大量に刷られ、やがて廃棄される。配布場所となる店の交渉、広告集めに奔走する学生に対して、対価は払われない。

「モチベーション詐欺というか、いろんなものを見てしまったんですよね。みんなペットボトルをガンガン買って、ラベルもキャップも分けずに捨てる人もいましたしね。もちろん、本気で環境のことを考え、行動している人も多くいましたが、焼け石に水なんだとわかった。そこでやる気をなくしてしまったんです」

●「環境に配慮」は建前

環境に配慮した生活は不便で金がかかる。たとえば食器用洗剤も大量生産品は100円で購入できるが、配慮されたものは5倍程度する。一事が万事そうなのだ。「学生には無理なんですよ。それなら、何も使わずに生活するしかない。でもフリーペーパーの活動は続けて、無事に就職できてよかったんですけれどね」

しかし就職した会社はブラックだった。始発から終電まで会社にいて、「なんでできないんだ」と怒号が飛ぶ。しかしもともと体育会系だったので、打たれ強かった。「一番堪えたのは、学生時代のフリーペーパーでつき合いがあった協賛企業のイベントを担当したときのことです。学生時代に出会ったその企業の担当者は『みんなで頑張りましょう』などと言ってくれて、たくさんのアイディアをくれたのです」

学生は〝将来のお客さん〟でもある。しかし、社会人になれば受発注の関係になる。担当した社員は、浩平さんを下請け扱いし、無理難題を押し付けた。

「てっきり環境に配慮するもんだと思っていた。でも、僕たちの担当者はノベルティを作成するときも『安けりゃいい』の一点張り。僕は学生時代の思い込みから来場者に配布するペットボトルについて『環境に配慮したものを使用』などのリストを作成したんです。それを見せたら露骨に嫌な顔をされました」

家族との軋轢

理想と現実の違いを思い知らされる中、入社5年目にして、ついに体が悲鳴をあげた。浩平さんは会社を辞め、実家に戻る。

「熱い思いがあると生きにくいということですよ。それからしばらく実家で療養をしていたのですが、家にいると大量生産されたものがたくさんあって、気になってしまうんです。僕が環境に配慮されたものを買うと、両親から『無職のくせにいいものを買って偉いな。その分、金を入れろ。お前には学費がかかっている』と言われる。所詮は金なんだと思い、1カ月で東京に戻ってきました」

両親にしてみれば、学費も払ってやっと成人したと思った息子が無職の居候となれば、迷惑以外のなにものでもない。父親は帰ってきた浩平さんに対し空港で「飛行機ってな、お前の嫌いな二酸化炭素をたくさん出すらしいぞ」などと、嫌みを言った。

「環境問題について、子供の頃から口うるさく言っていたので、両親との関係はよくありません。父は会社を経営しており、母も美容サロンを経営していたので、忙しい。

僕が小学生の頃、父がお客さん用に注文していたテイクアウト用の寿司を取りに行くというお使いをしたことがあったんです。そこで、僕は家からタッパーを持って行き、そこに入れてもらった。大将は『リサイクルか。えらいね。いい子だね』と褒めてくれましたが、父にはあり得ないくらい怒られました」

もてなし用に注文していた寿司が、プラスチックの簡易桶ではなく、黄ばんだタッパーで運び込まれたら、それは驚くだろう。

「大人になればわかるんですけれど、子供の頃はわからなかった。実家にいると、そういう思い出ばかりが浮かんでくる。僕には兄がいるんですが、兄は電力会社に勤務しています。兄は幼い頃から僕のことを嫌っていています」

地球によくないことをしている

本音と建前。その着地点を見つけるのも環境問題の課題だ。人間、一度手に入れた便利と美しさ、清潔、快適をなかなか手放せない。

一方、環境問題には「地球の未来のために」という大義名分がある。それをしていないと自分に対して、心のどこかで恥じてしまう気持ちが生まれてしまう。

たとえば、エコバッグを忘れて買い物に来てしまったとき、贈り物の包装箱を捨てるとき、使い捨てプラスチックのコップやカトラリーを使っているときなどだ。

浩平さんと一緒にいると、「私は地球の未来に悪いことをしている」という罪悪感が生まれる。

「僕には深く付き合う友達も恋人もいないのですが、それはそういうことかもしれません。昔、彼女がいたことがあって、一緒に缶ビールを飲んだんです。そのときに僕が『アルミ缶ってさ、リサイクルしやすいからエコに見えても、加工に大量の電気が必要なんだ。だから実際はエコじゃないんだよね』と言ったことがあったんです。そのときに『もういいよ。そういう話は』と出て行かれてしまいました」

浩平さんは地球に配慮した生活をしている。界面活性剤を使いたくないために、食器も自分の髪も固形せっけんで洗っている。フェアトレード認証を受けた服やバッグを使い、ゴミを極力出さない生活を続けている。

「でもエアコンは使うし、水も使う。いろいろ苦しいんですよ。職場でも大量のゴミを捨てていますしね。それを言うと、また人間関係にひずみが起こるから、黙っていますけれど」

イライラを抱えた人間は、人間関係に溶け込めなくなる。同じように環境問題活動をしている友達などはいないのだろうか。

「いますよ。僕は海岸を清掃する活動をしており、イベントなどがあると参加しています。焼け石に水だとは思うのですが。黙々と拾うだけの友人です」

コロナ禍でテイクアウト需要が増え、海岸のゴミは増えたそうだ。

「学生時代の友達もつながっていますが、みんな家族ができたり、育児に追われていたりして、なかなか会えません」

今、興味があることは、大量生産・大量消費について、世の中に疑問を投げかけることだという。

「海岸でゴミを拾う活動をしているうちに知り合った水産加工の会社の人が『魚は獲っても儲からない』という。聞くと、大手の寿司チェーンやスーパーが、原価ギリギリの金額で買い付けに来るからだそうなんです。昔は仲買人が適正な価格で流通に乗せ、それを個人の魚屋さんが適正な価格で売っていたので、それなりに儲かっていたらしいです」

この問題は、環境問題のみならず、日本の食文化にもつながっていく。

「今は鮭や鱈など特定の魚の切り身だけしか売れない時代。そうなると、食べられるのに規格外だからと捨てられてしまう魚（未利用魚）も廃棄も多くなり、環境負荷も高くなりますよね。あとは、子供たちが切り身しか知らずに成長してしまい、日本の魚食文化が終わってしまう。そういうことを考えると、絶望しか感じなくなり、何とかしようと思うんですが、どうにもならないことが歯がゆくて」

浩平さんには食べさせる子供がいない。

「今度、その水産加工会社の人が未利用魚を送ってくれるそうです。それを子供がいる友人に分けて、日本の漁業の現実を知ってもらいたいと思っているんです。未利用魚の中には、おいしいものもあり、きっとみんな喜ぶと思うんですけれどね」

浩平さんの月収を聞くと、25万円だという。それほどお金がかからない生活をしているようなので、なぜ貯金がゼロでカツカツの生活をしているのかを聞いた。

「それは、クラファンをいろいろしているからです。環境問題について、さまざまに支援をしています」

「クラファン」（クラウドファンディング）とは、「Ｃｒｏｗｄ（群衆）」と「Ｆｕｎｄｉｎｇ（資金調達）」を組み合わせた造語だ。多くの人が少額で資金を投資し、財源の提供や協力をする仕組みのことだ。

浩平さんが行っているのは、里山保護、農業や漁業の支援などだ。自分に影響力がないからこそ、志ある団体に月3〜4万円程度のお金を出しているのだという。

農業に支援した場合、収穫体験などの返礼品があるが、交通費も宿泊費も自腹だ。そして、収穫した野菜を抱えて帰宅しても、食べさせる人はいない。

環境問題と個人レベルでどう向き合うかは、今後の課題だろう。

人間は自分だけでなく誰かのために活動してしまうところがある。環境問題の場合、それは「地球の未来とそこに住む人のため」や「プラスチックの被害に苦しむ野生動物のため」という「ヒーローになれる」という吸引力がある。

それを知っているか、いないかで、向き合い方は大きく変わるのではないか。

逃避型1
占い沼
決断することや将来不安からの逃避が向かわせるもの

1日に2万回の決断をしている人間たち

1万人近くの人の人生相談や取材をしてきて感じたことは、占いの沼にはまる人がとても多いということだ。

金額の多寡、決定事項の大小の差こそあれ、多くの人が占いに大枚をはたいて、意思決定をしている。

結婚、恋愛、子供のこと（進路や健康、性格）、仕事、職場の人間関係が多いが、中には占い師に言われるままに名前を改名し、戸籍まで変えてしまう人もいた。また、「間取りが悪い」と言われ、家まで変えてしまう人も。

社員3000人規模の中小企業のある社長は、占い師に言われるままに本社を移転し、拡大路線を取った。ちなみにこの社長が率いる会社はその後、拡大路線が祟り、社員の給料遅配が報道されていた。

まさに「当たるも八卦・当たらぬも八卦」なのだが、なぜ人は占いにすがってしまうのだろうか。

占いは大まかに言って、生年月日や今の星回り（星座などの配置）から、その人の状況を予測する統計的なものと、タロットカードなどで「その人の現在の在り方」を見るという2種類に分けられる。

占い師がクライアントの状態を見て、クライアントが「当たった」と感じたときに、人は占い師にはまる。「この人なら、私の人生を任せられる」と思うのだ。

人間は実は1日に2万回もの決断をしているという。意思決定には大きな負荷がかかる。それを占い師に委ねられれば、かなり楽になる。自分で決めるという現実から逃避ができる。

妻の乳がん発症

上場企業に勤務し、部長職に就いている和生さん（56歳）は、妻が乳がんになったことをきっかけに占いにはまった。使ったお金は1000万円以上だという。

「水道工事会社を経営している父親が占い好きだったんです。いい家相の家を建てて、従業員の採用も占いで決めていました。それで会社をどんどん拡大していった。今、実家は兄が継いだのですが、兄は占いをバカにしていた。それで没落していったんですよ。仕事上、自分がうまくいっている人に会うと、みんな占いを信じている。みんな、言わないだけでこっそりやっているんですよ」

しかし、もともと努力家で、コツコツと出世していく和生さんは、占いについて特に必要性も感じていなかったという。

転機となったのは、3年前、結婚20年の妻に乳がんが見つかったこと。10歳年下の妻は専業主婦で、子供もいない。優しく明るい妻で、夫婦とはいえ父娘のようだったという。

「そのときは動転してしまいましたね。妻は私の半身のような存在で、あと数年で退職したら妻とどこに行こうかと楽しく妄想していました。そのための人脈作りもしていたほどです」

そして、親しい社長に、病気について当たるという触れ込みの占い師を紹介してもらう。

その占い師は、宇宙とつながっており、治療の方針もわかるのだという。顧客にはがん闘病で知られる芸能人や政治家も多くいるという触れ込みだ。

「高級住宅街にある瀟洒《しょうしゃ》な家で、とても清浄感があった。妻とともに行ったのですが、妻と私の生年月日を見て、これまでに起こったことをすべて当てた。その上で、『妻のがんは治る』と断言してくれたのです。ただし、それには条件があり、私と妻側の3代前の先祖を供養しなくてはならなかった。手術方針も乳房温存でいくという話になりました」

占いという「選民意識」

その後、和生さんは北陸の地方にある檀家に行き、先祖供養を行う。妻の実家は九州にあるが、先祖がわからない。不審がる義両親の協力を得て、先祖をたどり、最後は神戸の墓地まで行き、供養する。行政書士に依頼し、家系図までつくってもらい、地元の僧が信頼できないと、占い師に祈禱師を紹介してもらい、九州と神戸まで連れて行った。

ここまでにかかった費用は、500万円近いという。

「妻の実家は先祖をないがしろにしていたんです。『こういうことをしているから、オタクの娘は乳がんになってしまったんだ！』と忠告しました。でも、占いを信じてない人はピンと来ないんですよね。家も粗末な市営住宅で、空気もこもっている。この環境が嫌で、妻は高校卒業後、東京に出てきた。〝親ガチャ〟って本当にあるんだと思いました」

この選民意識も占い沼のひとつの要素だ。「私だけが救済される道を知っている。だけど、誰にも教えない秘密結社のメンバーである」というのは、沼にはまりやすい要素といえる。

しかし、妻の病状は悪化の一途をたどる。がんは転移を繰り返した。発見が遅かったのだそうだ。

「何かあると先生に聞いていましたが、先生は『助かる』とばかり言う。それなのに、妻は1年もしないうちに亡くなってしまいました」

世界をコロナ禍が襲っている最中のあっけない最期だった。

「あれだけやったのに、妻は死んでしまった。占い師のせいだと思っていますよ。ステイホームだったから、占い師のところには行けませんでしたけど、普通にしていたら怒鳴り込んでいたと思います。そういう運の良さも占い師の力なんでしょうね。でも、落ち着いた今思うのは、それぞれの先祖について知ることができてよかったということ。なんでも学びはあります」

和生さんは、定年後に喫茶店を開こうとしているが、それもまた占い師に聞いているという。

占い沼とスピリチュアル沼

この和生さんの例は、占いとスピリチュアルが混同しているという沼にはまりやすい事例だ。

占い師は生年月日という統計的アプローチで、和生さんの心をつかんだ。その後、見えないはずの先祖のことを透視し「供養せよ」と言った。

占いとスピリチュアルの違いはここにある。占い師にも霊感があるという人は多いが、スピリチュアルは霊能力や超能力で見えない世界を見ることを触れ込む。見えない世界とは、人の心や、前世や来世、未来、オーラなどだ。

スピリチュアル沼にはまる人は、20～35歳くらいの「自分に自信がない」女性が圧倒的に多い。

この年齢は、キャリアを積み上げながら、結婚や出産のことも考えなくてはならず、毎日が不安で揺らいでいる。スピリチュアルに逃避すれば、「この不安な状況は自分のせいではない」と思える。だからはまるのだ。

例えば、なかなか結婚相手が見つからず苦しむ人が「あなたは結婚しますよ」と言われれば、ホッと心が軽くなる。そして、「この愛のパワーを転写したオイルを毎晩体に塗り、『私は愛される資格があります』と唱えてください」などと言われれば、実行してしまう。そのオイルが3万円以上だったとしても。

一例として「オイル」を出したが、スピリチュアルカウンセリングを行う人は、バスソルト、布ナプキン、パワーストーンなどを販売していることが多い。

多くの女性は10万円ほどつぎ込んだあたりで目が覚めるが、深みにはまってしまうと、数百万円かけてしまうこともめずらしくない。

スピリチュアル系のメンターの多くは、自前の講座を持っており、高額（20～100万円）の講座を受けると、自分と同じようなメンターになれるとのことだ。終わると、立派な修了証書を出しているところも多い。

あるスピリチュアル系のメンター2名のカウンセリングを興味本位で受けてみたことがある。いずれも1回3万円、特に悩みはなかったが「夫婦関係に問題があって、どうしていいかわからない」と質問をしてみた。

2人とも「あなたが幼少期に親から受けた心の傷が幸せになることを拒否している」「小さなあなたが泣いている。そこを今のあなたが抱きしめろ」などと同じようなアドバイスをくれた。

私の実際の人生は、そこそこ裕福な家庭に育ち、共働きの親はいい距離感で私に接した。当然幼少期はいい記憶しかない。霊感があるかどうかはさておき、一種の定型文のようなものがあるのだと感じた。

逃避型２
仕事放棄沼
頑張りたいのにできない自分

20～30代がはまりやすい仕事放棄沼

「できます。やります」と言っておきながら、最後の最後まで行うことなく、そのまま転職してしまったり、鬱などの病気になってしまったり、最終的に仕事を放棄してしまう。

これは20～30代の若者がはまってしまいがちな沼だ。

花蓮さん（33歳）は、第二新卒で入ったＩＴ関連会社で、仕事放棄沼にはまっていた時代について、重い口を開いた。

「あれは私の黒歴史です」と切りだした。

●『ハケンの品格』ヒロインに憧れて

「仕事がデキる女への憧れがありました。高校生の頃に『ハケンの品格』（2007年）というドラマにはまって、あんなカッコよく仕事をする人になりたいと思ったのです。あの主人公のように、バリバリ働いて、なんでもササッと対処できる人になりたいと思い、頑張ってきました」

勉強を頑張り、指定校推薦で東京の中堅大学に進学。就職活動も頑張り、IT関連の中堅企業に入ったものの、ブラック研修で心を折られて、退職。その後、夜の仕事をしていたときに、ある会社の代表に出会う。

「社長は人手不足を嘆いており、私が出身大学名と前職（5日間しか出勤していないが）について伝えると『ヨシ！　採用！』と言った。そして『明日必ず、10時にここに電話してきて』と名刺をくれたんです」

電話をして、履歴書を持って面接を受けに行った。人事採用担当者は「社長から優秀な女性だと聞いています。IT企業にいて、HTMLもXD（Adobe　XD）も使えるとか。明日からでも来てほしいです」と、かなりの期待を寄せていることが伝わって来た。

「全く何のことだかわからなかったのですが、これがチャンスだと思い、『できます』と答えました。家に帰ってから検索したら初めて聞くようなことばかり。これはヤバいとテキストを取り寄せてもサッパリわからない。そうこうするうちに2週間が経過し、現場に配属されることになったのです」

「わからない」と言えない

現場は花蓮さんが来るのを今か今かと待っていた。机の上には指示書が用意されていて、あれもこれもと言われた。

「さっぱりわからないんです。フリーアドレスの職場だったので、人がいないブースに行って、ネットで検索しながら感覚で入力していきました。そのうちに先輩のAさんが気付いて、『もしかして、わからなかったの?』と言ってきた。でも、そこで『わかってます。でも久しぶりなので……』と答えてしまった。Aさんは追及することなく、『なんでも僕に聞いてね』と言ってくれました」

その後、業務はたまり続け、1週間もしないうちにパンクする。そして花蓮さんはAさんに泣きつき、悩み相談をするうちに男女の仲になる。

花蓮さんの仕事をAさんが尻拭いをするうち、Aさんは過労で倒れてしまう。そして、花蓮さんは1カ月で退職をする。

「その後も、広告代理店とかレストラン運営会社で働いたのですが、頑張りすぎちゃってうまくいかなくなるんです」

おそらく過度に仕事を引き受けて、そのまま放置をしていたのだろう。仕事のプレッシャーだけはかかってくるので、「仕事をした気」にはなれる。そして会社内の男性と体の関係を持つ。

基本的に明るく、容姿が整っている20代の女性が困っていれば、ある種の男性は手を差し伸べたくなってしまう。わかりやすくヒーローになれるからだ。そして女性はその男性を頼るうちに距離が近くなり、男女の仲になる。

その先にあるのは共依存のような関係だ。

IDカードを首から下げて丸の内を歩きたい

依存的に始まった恋愛は沼のような状態になることが多い。花蓮さんの仕事放棄は、チームワークを壊し、業務に渋滞を招き、会社に損害をもたらした。それにより、解雇されるというお決まりのパターンをくり返すようになる。

しかし、日本に中小企業は約３５０万社あるという。多くの会社が人手不足にあえいでおり、就職先には事欠かない。

『ハケンの品格』に憧れた花蓮さんは現在、会計事務所で働いているという。

「おじいちゃん先生と、その息子と経理のお姉さんがいるアットホームな職場で、庶務をしています。仕事内容は、掃除と電話番と書類整理。給料は少ないですが、楽です。今もファックスが来る会社なので、言われたことをやればいいし、副業もＯＫ。夜は接客のバイトをしています」

しかし、今も丸の内を歩いていると、コンプレックスで悲しくなるという。

「ＩＤカードを首から下げて、颯爽と歩きたかったんですけれどね」

理想と現実のギャップが大きく、それに早期に気が付かないと、仕事放棄沼にはまる可能性もあるのだ。

コロナ禍影響型

コロナ警察沼

緊急事態下に「正しい」と信じて疑わなかったこと

正義を振りかざす快感

人々の生活様式が一変したコロナ禍では、さまざまな沼が生まれた。前述のマスクなしでは生きられない、素顔を見せられない例もそのひとつだ。

そして、「コロナ警察」。ステイホームを声高に叫び、そうしていない人をSNS上で悪者扱いする。古くは第二次世界大戦中や、2011年東日本大震災直後に広がったデマなどで、「これが絶対に正しい」と言うことの多くは、時間の経過とともにそうではないことがわかってくる。

それにもかかわらず、ある種の人は、正義を振りかざして、それに合致していない人を戒めてしまう。その行為には、ヒーローになったかのような快感があることが想像できる。

コロナ禍はSNSが発達していたこともあり、この正義を振りかざす人が多かった。「この人、後で何を思うんだろうな」と考えて、コロナの危機を煽る知人の名前を簡単な内容とともに、手帳にメモしていた。感染が落ち着くと、そのほぼ全員がいち早く、海外旅行に行ったり、外食をしたりしていた。

SNS上ならいいが、実際に事件も起こった。

2020年、最初の緊急事態宣言解除直後、60代の男性が、20代の男に「マスクを着けろ」と注意した。これに腹を立てた男は、60代の男性に暴行。首の骨を折るなどの重傷を負わせた。男性は頸椎を損傷し、下半身不随になってしまったという。傷害罪に問われた男は、神戸地裁で懲役3年・執行猶予5年の有罪判決を受ける。お互いに未来に影を落としてしまったという痛ましい事件だ。

コロナ禍では正義感や義侠心から、さまざまな沼が発生した。

武漢の医師のユーチューブ動画に抱いた危機感

2人の子供を持つ里美さん（45歳）は、コロナを恐れるあまり、過剰に行動をしてしまい、一家離散の状態になってしまった。

里美さんとは2022年4月に話をしたのだが、そのときに、自分がコロナ警察だったことをすっかり忘れていた。そこで、過去のSNSの投稿をさかのぼり、その画面を見ながら話を聞いた。

2020年4月7日、安倍晋三首相は東京をはじめとする7都府県に、新型コロナウイルス感染症対策本部の特別措置法に基づく緊急事態宣言を発令。政府は「外出自粛」「学校の休校」「テレワークの推進」を要請した。

「コロナ前までは、3歳年上の夫、12歳の娘、10歳の息子という4人家族でした。夫は大手企業に勤務しており、年収は1200万円くらいだったかな。2020年の1月の終わりくらいに、武漢の医師が警鐘を鳴らしたユーチューブ動画を見て、『これはヤバい』と思ったんです。周囲は『変な風邪が流行っているみたいだね』という感じでしたが、私は違いました」

●かかったマスク代は10万円以上

その後、2月3日に横浜に大型客船が来た。日本政府の対応などを見て、義憤にかられたという。里美さんは結婚前まで看護師をしていた。感染対策の基礎知識があったから、なおさらだ。

「マスク不足を想定し、初期に子供用も含めて10万円分以上のマスクを購入しました」

感染症の知識がある里美さんは、2月の段階で帰宅したら外で服を脱ぎ、即シャワーを浴びることを徹底していた。公立の小学校に通う子供たちの休校が決まったのが、3月頭。それ以降も夫は出勤し続けた。

「子供たちには帰宅したら玄関の外で下着になってもらいました。娘は家の外で服を脱ぐことを恥ずかしがりましたが、命のほうが大切です。すぐにシャワーを浴びさせて、家に入れていました」

着た服は即座に洗濯をする。そこまで頑張っても、夫は何もしない。玄関にアルコールスプレーを置いても使わず、手も洗わない。

「強く言ったら、パチーン（平手打ち）でしょ？　夫の言い分としては、『誰のおかげで食わせてもらっていると思っているんだ、俺をバイキン扱いするな』ということなんでしょうけどね。この夫の行動で『この人は家族を愛していないんだ』と思いました。愛していれば、家族の安全のために感染対策をするはずですから」

「ママはもう、死ねばいい」

子どもからは慕われていたと思っていた。しかし、娘から「ママはもう、死ねばいい」と言われたことがあった。それは、娘を小学校の卒業式に出席させなかったこと。

「忘れもしない3月18日。娘が通う公立小学校で卒業式が行なわれたのです。卒業式なんてクラスターの発生源。こんな非常時に卒業式をするなんて、非常識だと思いました。学校に抗議をしたのですが、『大切な節目ですから』と言うだけで、決行した。でも怖いので、ウチは欠席させることにしたのです。娘は大暴れしました。『どうしても出たい』と言ったのですが、私は娘の命を守るために、心を鬼にして、家から出さないようにしたのです」

娘は父親に母親の行状を訴えた。

「殴られると覚悟の上で、荒れ狂う娘を出席させないために頑張りました。そしたら、夫は『お前は本当にバカだったんだな』と呆れたような顔をしている。娘には『荷物をまとめろ』と言うと、娘はトランクケースを部屋から出してきた。その足で娘は夫の実家に行きました」

娘は埼玉にある夫の実家で春休みを過ごす。そのうちに息子も「僕も行きたい」と行ってしまった。

「あんなに愛してあげたのに、裏切られた気分です。夫がその後、話し合いの場を設け、『冷静になろう』と。『コロナになったからといって死なない』などと言ってきたんですが、もはやそういう問題ではなく、家族の信頼が損なわれたということです」

結局、離婚してマンションも売却。子供たちは「ママはイヤだ」と言い、祖父母の家で暮らすことになった。

コロナ禍で正気を失う人々

里美さんの投稿を振り返ると、なかなかの徹底ぶりがうかがえる。買い物は2週間に1回。買ってきたものは次亜塩素酸ナトリウムかアルコールで消毒する。それができないものは、5日間ベランダの外に放置する。

投稿には夫への不満が吐き出されている。「決死の覚悟で調達した食材を、夫が豚のように意地汚く食べている」などという投稿もあった。また、都内の商店街に人が密集しているという報道写真について、「日本人はホントにバカになってしまった。ここにいる人を殴るボランティアをしたい」と書いてあった。

里美さんは「こんなこと、書いていたんですか……」と絶句していた。熱に浮かされていると、周りが見えなくなる。この取材が終わった後、全ての投稿を削除した。

コロナ禍は正気を失ってしまった人が多い。「どうせ死ぬから」と、セルフネグレクトをしはじめて、風呂にも入らず汚部屋になってしまった人、デリバリーの食べ物を過度に頼んでは食べ続けて30キロほど太ってしまった人、飲食店への義侠心に駆られて、借金をしてまで飲食を続けてしまった人など多々ある。

緊急事態に発動する沼。それにどう反応するかが、今後の人生を左右する。

第3章

はまるのが難しいだけに、抜け出しにくい沼

本章では、一般的にはあまり馴染みがなく、はまるにも条件が必要な沼を紹介していく。だからこそ、本格的にはまってしまうと根が深いといえる。

大きく分けて、「他者課金型」と「ドヤ（承認欲求）型」の2種類がある。

他者課金型の沼は、「推しのために」ひたすら金を使うことだ。この沼にはまってしまうと、見境がつかなくなる。

2022年8月、三重県南伊勢町の町立南伊勢病院で1億6800万円もの公金横領事件が発覚した。業務上横領容疑で逮捕されたのは、38歳の男性。彼はアイドルのグッズやコンサート、オンライン配信の課金のためにその金を使ったという。

金を使えば、相手の歓心や愛を得られるという錯覚と、それを生み出すシステムが精巧であるほど、愛情が深いほどにはまっていく。

承認欲求型の沼は、数を競うことが特徴だ。経験した異性の数、使った金、経験した場数……他人と比較して自分の立ち位置が優位だと実感することが目的だ。

それを心の中でほくそ笑んだり、その場にいる他人の羨望を集めたり、SNSに上げたり「こなした数」を味わう手段は多種多様だ。

他者課金型1

ホスト沼

「私が支えなければ」、健気な姫たちが札束で叩き合う

コロナで死ぬ前に東京に行こう

玲奈さん（21歳）がホストにはまったのは、コロナ禍に東京に出てきたことがそもそものきっかけだった。

「2020年10月に、岡山県から東京に出てきました。高校卒業後、実家に住みながらバイトをしつつダラダラ過ごしていたのですが、100万円貯まったことだし、コロナで死ぬ前に東京に行こうかなと」

地方都市に住む女性の中にはまとまった金額を貯金している人が多い。実家に住んでいれば家賃は不要であることも大きい。

「ウチは父が公務員で母が看護師なので、『家に金を入れろ』とは言われなかった。5歳上の兄は結婚して子供がいるし、5歳下の妹は当時、中学生で、真ん中の私はほっ

たらかされていた」

親に「東京で暮らしたい」と言ったら反対はしつつも、「アンタの好きにしなさい」と言われる。

「今行かないと、岡山で一生、生活することになる。それも嫌だったんです。高校の先輩が東京の大学に進学し、そのまま東京に住んでいるので、そこのアパートに数日間お世話になった後、シェアハウスに入りました」

孤独に耐えかね、マッチングアプリ登録

狭い4畳間に粗末な家具。コロナ禍ということもあって、交流はなく、友達もできなかった。そうするうち、孤独を感じるようになる。

「常に家族の気配がある家で生活していたので、1人が耐えきれない。バイトばかりで、時間もなく、夢見ていた東京の生活は遠いところにあることもわかりました」

そこでマッチングアプリに登録する。都会のスマートな男性に、おしゃれなデートに連れて行ってもらえると思っていた。

「東京のことが全然わからないので、案内してほしかったんです。するとたくさんの

『いいね』が来る。でも、よく見ると、みんなオジさんばかりなんですよ。『年上の人が好き』とは書きましたけれど、せいぜい25歳くらいまで。私、オジさんの加齢臭を近くで嗅いでいると、気持ち悪くて吐いちゃうんです」

マッチングアプリに「ユート」という男性から「いいね」が来たのはその頃だった。

●ビジュアル系王子様に連れていかれたのは

「ビジュアル系バンド風の容姿をしていて、めっちゃカッコよかった。マッチングすると『玲奈ちゃん、かわいいね。デートしよう』と誘ってくれたんです」

ユートは自身を名門大学の大学生だと言った。待ち合わせ場所は歌舞伎町。岡山から出てきたばかりの玲奈さんを、歌舞伎町のビルの最上階にあるバーに誘ってくれた。窓の外にはゴールデン街が見えたという。

「あんなに小さい店がたくさんある風景は岡山にはない。かなり飲まされて、どうやってお会計をしたかわからない。気が付けばホテルにいて、『好きだよ。付き合おうか』と言われていたんです」

ユートは「あまりのかわいさに一目ボレしてしまった」「キレイな肌だね」などと

玲奈さんを絶賛。玲奈さんの胸に顔をうずめて、「こうしていると安心する。ずっと一緒にいたいな」と言った。王子様のようなビジュアル系男子にそんなことを言われたら、ひとたまりもないことは想像がつく。

「そのまま結婚するのかと思いました。その翌日に『僕の働いている店に来ない？』と言われたんです。それはホストクラブだったんですが、『彼女だからオゴる』と言われました。ユートくんもカッコいいですが、この世にはさらにカッコいい人がいる。ユートくんは人気があるようで、私よりもキレイで、都会的な女性が彼のことが好きだとわかりました。でも、私はそんな女性を出し抜いた〝彼女〟なんだと思ったんです」

●「僕に会いたいなら店に来て」

それからは、「僕に会いたいなら店に来て」という毎日が始まる。

ホストクラブの料金は店によって異なるが、セット料金（数千〜1万円）が店に入るだけで発生する。ここでは飲み放題のジャスミンハイなどがセットになっている。それ以上のことをしようとすると、ドリンク代、指名料などがついてくる。

「店に行けば、ライバルがいっぱい。ホストクラブは1店につきホスト1人しか指名できないんです。ユートくんには、〝太客（お金をたくさん使う客）〟がたくさんいる。そんな人に負けるわけにはいかないと思って、抜きもの（シャンパンやワインなど。1本20～１００万円以上）を抜いているうちに、１カ月で貯金が底をつきました」

アルバイトの手取りは17万円。シェアハウスに住んでいるとはいえ、都会の生活費は高い。稼いだお金は生活費で消えてしまう。

「実家に援助を頼んだり、おばあちゃんにお金を借りたりしていました。毎晩のように歌舞伎町に通っていたし、〝被り〟たちを出し抜いて、エースになりたい一心でした」

「被り」とはそのホストを推すそのほかの客のこと。エースとは、そのホストに一番お金を使ってくれる客のこと。ホストにランクがあるように、客にもランクがある。エースの下は太客、その下は細客と呼ばれるという。一万円札をどれだけ出せるかという女同士の熾烈な戦いだ。

自分で稼いだ金を好きな男のために使う

外野から見ていると、なぜそこまで金を使うのか、さっぱりわからない。

昭和から平成にかけてのホストクラブのイメージは、有閑マダムと呼ばれる裕福な家の奥様、女性経営者など社会経験がある30〜70代の女性が行くところだった。

玲奈さんの話を聞いていると、今、ホストクラブに通っているのは、20〜30代の若い女性が多いことがわかる。中には大学生もいるという。

彼女たちは人生経験が少なく、パパ活や風俗店勤務でお金を持っている。自分で稼いだ金を好きな男のために使う。それにはライバルからの羨望が伴っている。

自分の若い肉体と才覚を駆使して稼いだ金を、誰かのために使う。そこにはプライドも発生するだろう。自分のためにブランド物を買って周囲の女性に自慢するよりも、好きな男を輝かせるためにお金を使い、それが競争になっているのだから、使用金額は天井知らずだ。

ラッソンを歌ってもらいたい

ホストクラブには姫たちが札束を気持ちよく吐き出すための装置が用意されている。

誕生日などの記念日イベントだけではないという。

「ユートくんがその日の売り上げナンバーワンになると、ラッソン（ラストソング）

が歌えるんです。これはホストにとってはとても特別なこと。おばあちゃんからお金が送られてきたその日に、抜きものをバンバン抜いて、ユートくんにラッソンを歌ってもらいました」

２０２２年8月、歌舞伎町のホストクラブで「ラッソン」を歌うシーンに出くわしたことがある。

そこでは、玲奈さんに似た少々あか抜けない30代の女性が、ホストから『花束のかわりにメロディーを』（清水翔太・２０１５年）を歌われていた。この曲の歌詞は男性が恋人を愛するひたむきな想いを歌っており、「君を愛するために生きている」というような内容だ。

細身のビジュアル系のホストは、モニター画面で歌詞を観ず、女性をまっすぐ見て歌う。周囲のホスト達が総立ちになり、女性を取り囲むようにしている。女性にしてみれば、容姿端麗で誰からも注目されるホストから、自分のためにラブソングを歌われることはないだろう。顔はみるみる紅潮し、涙を流していた。そして、喜びが全身から吹き出ているようだった。これをもう一度経験するためなら、貯金をはたき、性産業で働くことなど苦にもしないのだと感じた瞬間だった。

このラッソンを賭けて、それぞれのホストを推す女たちが札束で殴り合う姿が想像できる。玲奈さんのおかげでラッソンを歌えたユートは、その日、久しぶりに玲奈さんを抱いたという。ちなみにこの日、使ったお金は1晩で80万円だった。

「いつもならエースがいるのですが、この日はいなかったのもよかった。その日、ユートくんは『学校が休みだ』と言って、テーマパークにデートに行ってくれたんです。オゴってくれて、久しぶりに彼女らしいことをしてもらえて超〜満足でした」

その後、ユートからの連絡は止まった。不安を鎮めるために酒を飲み、アルバイトも無断欠勤が続いた。

「お金がないからユートくんに会いに行けない。どうしても会いたくて、好きでたまらない。家に行っても出てくれない。絶対にお店の近くにはいないのに、ビルの近くに行ったりしていました」

酒をあおり、泣きながら寝ていると、シェアハウスのドアがすさまじい音で叩かれた。

「誰だと思ってドアを開けると、バイト先の店長でした。彼女は無断欠勤を続けた私を心配して来てくれたんです。事情を話すと、『それは騙されているよ』と。私も『もしかしてユートくんはお金があるから私が好きなんだろうか』とは思っていましたが、面と向かって言われると、冷静になるというか」

ほかでは味わえない喜び

その後は、玲奈さんは店長の助けもあって、ホストへの課金依存から脱出することができた。店長は「それって、麻薬の常習犯と同じだから。禁断症状を乗り越えてね」と言ってくれたという。

「あれって、店に行かなければいいだけなんです。連絡先もブロックすればいい。でもそれが難しい。あのキラキラと輝く世界は、ものすごく吸引力が強い。競争心を煽られ、イケメンに『姫』とかしずかれている気持ち良さって、ホントにすごいんです。抜きものを頼むと、イケメンたちや周りの女性が『おおお！』と歓声を上げてくれる。そして、大好きな人に感謝されるんです。そんな喜び、ほかでは味わえません」

２０２０年上半期、新型コロナが未知のウイルスで「感染したら死ぬかもしれない」という恐怖が世界を覆っていたときも、歌舞伎町のホストクラブは連日、満員だったという。

「今振り返ると、みんなが行けないからこそ、私が支えなくちゃいけないという思いはあったかもしれない。命がけでユートくんを愛していることを、言葉とお金で表明できますから」

今、ホストは会えるアイドルのような存在だ。かつては、店に行かねばその吸引力に引き込まれることもなかったが、今は玲奈さんのようにマッチングアプリやインスタグラム、ツイッターやユーチューブなどで集客をしている。

彼らは客になりそうな女性に、メッセージを送る。イケメンから「すごく好みだ」「会いたい」「愛しているよ」と連絡が来たら、どうなるだろうか。そして、その沼は未成年に向かって広がり続けている。

玲奈さんが使ったお金は総額で約300万円だった。

「もっとお金があればユートくんを輝かせることができたんでしょうね」

ホストにはまる人の中には、店に「売掛金」という名のツケ……すなわち借金をして、飲む人もいるという。玲奈さんはユートから売掛金を持ちかけられたが、お金を借りることに抵抗があり、そうはしなかった。

売掛金が払えないと、ホストから風俗店で働くことをすすめられる、体を売ることになる人もいるという。

他者課金型2

推し沼

金に糸目をつけない「純愛」の沼

その1　地下アイドル

これ以上、親を悲しませてはいけない

大学受験に失敗した年に、直樹さん（20歳・大学生）は地下アイドルにはまった。

直樹さんは、中高一貫の中堅男子校に通っており、女性と一切縁がない生活を送っていた。

「僕の人生は失敗だらけなんです。そもそも父親が外国人で、幼いころから差別をされましたし。両親ともに高学歴なのに、僕の成績はイマイチです」

小学3年生から受験勉強をしていたのに、合格したのは第三希望。これに父親は落胆し、母は絶句した。

それでも「地元の中学校に通うよりはマシだ」と、片道1時間以上かけて通学。直樹さんは「これ以上、親を悲しませてはいけない」と、興味もないのに野球部に入部した。

「親はスポーツができる快活な少年になってほしいと思っていたんでしょう。僕は体を動かすことが大嫌いなのに、親を喜ばせたいがために頑張りました。でも、練習は厳しく、ミスをすると殴られたり、無視されたりして、学校は地獄でした」

野球部の練習の後に、近所の女子校の生徒から「臭っさ〜」と鼻をつままれた。

「僕はこの先、絶対に女性と恋愛できないと思っていました。せめていい大学に入って、まともな人生を送ろうと頑張ったのですが、目標にしていた大学よりも、2ランク下の学校しか合格しなかったんです」

地下アイドルとの偶然の出会い

あんなに頑張ったのに報われない。友達もおらず、好きなこともない。大学に入ったのだから、好きなことを探そうとしても、何にも興味が持てず、自分が空っぽであることに気付く。

「大学に入ってても、コロナになってしまい、自粛生活。いろいろ絶望をしているときに、秋葉原をふらついていたんです。すると、何かの無料イベントを開催していた。音が鳴っているから、『なんだろう？』と思って入って行くと、それがアイドルのイベントだったんです」

それは、Aという地下アイドルのイベントだった。アイドルというと、ジャニーズ事務所のグループ、乃木坂46、日向坂46などに代表される坂道系と呼ばれるグループ、AKB48グループ、ハロー！プロジェクト、ももいろクローバーZ、私立恵比寿中学などが知られている。

「Aというグループは『地下アイドル』と呼ばれるジャンルでした。事務所には属していますが、テレビやラジオ、雑誌や新聞などのメディアには出ず、主にライブやユーチューブ、インスタグラムなどのSNSで活動しています」

地下アイドルは、「ライブアイドル」「インディーズアイドル」「プレアイドル」「リアル系アイドル」とも言われており、ファンとの距離が近いのが特徴だ。

「僕が入って行ったときは、みんなが知っている有名アイドルの曲をコピーしていました。ファンの熱気がすごくて、サイリウムを振り回して、変なダンスを踊る。曲に合わせて、お経のように長い喚声（コール）を舞台に向かって叫んでいる。そんなすべてがすごすぎて、引いてしまったんです。でも、その雰囲気に包まれているうちに、なんだか〝楽しい〟気持ちになって来たんです」

舞台は眩しかった。直樹さんは、暗黒の中高時代を送ってきた。親からは認められず、スポーツや勉強では結果が出せず、彼女どころか心を許せる友達もいなかった。

「『アイドル好き＝キモい』というイメージはありました。アイドルファンって暴走して相手を困らせるとか、刃傷沙汰を起こすとかそういう『怖い人』というイメージがあったんです。ファンに逆恨みされたアイドルが刺された事件が報道されたり、ストーカーをしたり。ジャニーズアイドルの人も、暴走するファンに苦言を呈したりしていたじゃないですか」

それなのに、その会場にいる人は、全員がとても楽しそうで、誰もが純粋にアイドルを応援していた。

「舞台の上のアイドルは、そんなむさくるしい群衆に、笑顔で手を振ってくれるんです。ボーッと見ていたら、アイドルの1人と目が合った。てっきり『キモい』というふうな顔をされるのかと思ったら、僕の目を見て、さらにニッコリと笑って、『わかっているよ』と言うように頷いてくれたんです」

女性に免疫がなく、すべてに絶望していた直樹さんはこの一瞬でハートをわしづかみにされる。初恋の瞬間だった。

「クラスで一番かわいい女の子が、僕に微笑みかけてくれたようなイメージです。かわいいだけかと思ったら、その子はピアノもギターもできるという。さらに童話がベースの寸劇もしてくれて、それがおもしろい。客席まで降りてきてくれて、すっかり虜になってしまいました」

●仲間とヲタ芸を練習する日々

その後、彼女たちは、一緒にポラロイドカメラで撮影する撮影会（1枚1000〜3000円）や、握手会（3000〜5000円）を開催する。缶バッジやグッズなども販売している。これらを購入して、アイドルとつながるのだ。

「あんなに激しい踊りをしているのだから、暴徒のようになるのかと思っていたら、みんな礼儀正しく、スタッフの指示に従っている。よく見ると女性もいて、みんなが優しく穏やかに応援しているんです」

地下アイドルは、無料イベントも開催するが、ライブハウスを借りて入場料があるライブも行う。そのときは、ファンがスタッフをしていることもあったという。何度もライブに通ううちに、顔見知りができた。

「そのうちの1人に誘われて、ダンスやコールの練習にも参加しました。上野公園の一部で、むっさい男たちが全力で腕を振り回して特殊な動きをするんです。いかにも、陽キャ（陽気なキャラクター）っぽい人が聞こえよがしに『キモっ』と言っていましたけれどね」

サイリウムを持って独自のダンスを踊ることを『ヲタ芸』という。一時期は毎週末のように練習していた。

「アイドル自身も、自宅でダンスの練習をしているのだから、『俺たちも頑張ろう！』みたいなモチベーションはありました」

地下アイドルの沼ははまると楽しいという。課金をするにしても、グッズの数も限られており、ライブは数千円程度。活動にはほとんどお金がかからず、ウマが合えばファン同士でつながれる。

「人生で初めて友達もできました」

アイドルと恋愛したいとは思わないのだろうか。

「それは思いますけれど、別の世界の人ですよ。恐れ多いけれど、望みはあるような気もする。今、アイドルと結婚するヲタも増えているようですが、それはそれで緊張してしまう。やはり、アイドルがほかの人と恋愛しようが、アイドルを辞めてしまおうが、そのアイドルが幸せに生きてくれることを願うのがファンだと思うのです」

まさに無償の愛だ。

「だからこそ、アイドルをバカにする人を許せない。人気が出るとツイッターなどで誹謗中傷がされてしまうこともある。今のまま、近い距離でいてほしいと思うんですけれどね」

地下アイドルも人気が出てくると、力がある芸能事務所が目をつけてくる。すると深夜番組の企画などで、「ライブに300人集めないと解散」などのノルマが課せられることもあるという。

「そうなるともうだめ、ゆるい空気感が好きなんです。競争とかはイヤなんです」

●暴徒化するファンたち

「推しを見てるだけで幸せ」という品行方正なファンもいれば、暴徒化するようなファンもいる。ファンの語源は、「fanatic」(熱狂者)(※参照:『大辞泉』小学館)だ。

現代人は空気を読むと言われている。周囲の行動を〝察し〟て、自らの言動を律する人が多いのだ。誰よりも認められたいという思いは誰にでもあるが、表面上はおとなしいふりをする。承認欲求と独占欲が膨れ上がり、爆発すると、暴徒のようになることもある。

地下アイドルの沼に楽しくはまっている直樹さんは、「一般的に、社会的地位が低い人や、容姿コンプレックスがある人が暴徒化するようにも言われていますが、経済的にも容姿にも恵まれている人がそうなることもあります。誰もがヤバイ人になる可能性がある。そこを律するのがファン同士のつながりでもあるのです」と語る。

強烈な吸引力を持つ「推し」。遠くの偶像だからこそ、その愛は劇薬になる。その用法・用量を間違えると、底なし沼にはまっていくのだ。

その2　ジャニーズアイドル
「ヤラカシ」と呼ばれる過激ファン

暴走ファンの暴言、体当たり（暴力）、略奪行為に怒っていると語るのは、良子さん（40歳）。彼女は25年以上、ジャニーズ沼にはまり続けている。

「その魅力は圧倒的なカッコよさ。普通の男の子なのに、舞台に上がるとスターになる。あのカッコよさは魅力以外の何物でもありません。それに、チケットも定価なら数千円と安いんです。外国人アーティストは3～5万円して中高生には手が届きませんが、ジャニーズなら行ける。だから、若い子が沼にはまるのもわかります」

しかし、若いからこそ感情のコントロール方法を知らない。社会的責任も大人に比べて少ないので、「ヤラカシ」と呼ばれる過激ファンが登場する。

「例えば、アイドルの自宅、通学する学校に押しかけるなどのストーカー行為のみならず、移動中にその人に体当たりしたり、暴言を吐いたり、バッグを奪ったりするケースもあります。ヤラカシの行為で活動休止になることもありました」

アイドルに卑劣な行為を繰り返し、一部始終を動画で撮影。相手が追い払おうという素振りを見せたら、「暴力を振るわれた」などとSNSで拡散させたファンもいた。

良子さんをはじめとする節度あるファンは、アイドルが疲弊するのを心配する。

「あのキラキラで楽しいコンサートが大好きなんです。緊急事態宣言明けには、真っ先に行きました。そしてずっと泣いていた。みんなも泣いていましたよ。推しが輝いていると嬉しいし、目が合うともっと嬉しい。彼らには余計なことを考えず、歌、ダンス、MCの向上に集中してほしいんです。とはいえ、彼女ができたらショックですけどね。私には結婚して子供もいるのに、身勝手ですが」

推しに操を立てる

ジャニーズに限らず、推しに操を立てて、結婚どころか恋人さえもつくらない人もいる。そういう人の多くは、粘着質な愛情を持つ傾向があるという。

「表向きは『いいファンです』というふりをしつつ、SNSの裏アカウントで恋愛相手の女性やアイドル自身をディスりまくったりね。事実無根の誹謗中傷を発信したりすることも。私も読んだことがあるのですが、人はこれほど人のことを悪く書けるのかと驚く内容でした。著名人への誹謗中傷を〝指殺人〟などと言うようですが、その通りだと思います」

正しく沼にはまるにはどうすればいいのだろうか。

「ジャニーズのファンにある暗黙のルールを守ること。例えば、舞台を終えて彼らが会場から出てくる『出待ち』があります。これは、〝おっかけに力を入れている人〟の略である『オリキ』と呼ばれるファンが仕切っている。彼女たちの指示に従って待つのです。出るところを無事に見られたとしても、1駅分離れた駅まで、一切の私語をせずに歩きます」

ちなみに、コンサート会場での出待ちは公式には禁止されている。良子さんはずっとファンだから気付かなかったが、子育てが一段落して、ジャニーズ沼に戻って来た人の中には、昔と違うルールに驚き、その窮屈さに辞めてしまう人もいるという。

「例えば、昔は目線や投げキッスのファンサービス（ファンサ）が欲しくて、ウチワを振り回せたのに、今は肩から下で振る。あと、ペンライトなどは、公式グッズ以外会場持ち込み禁止ですし、プレゼントや花束を贈ることも厳禁。駅や宿泊施設での待機もダメですし、新幹線や飛行機において、アイドルと同じ便に乗るのもダメです」

良子さんは「ルールが厳格化されたから、いい温度で沼を楽しめる」という。

その3 宝塚歌劇団

「理想の男性の姿」がそこにある

大正3（1914）年初公演の宝塚歌劇団。この沼にはまる人も多い。明子さん（50歳）は宝塚にはまって30年。夫（50歳）や娘（30歳）も沼に引きずり込んだ。

「私が好きになった頃は、チケットも取りやすかったんです。宝塚のいいところは、チケットの安さ。あれだけの群衆ミュージカルで、音楽は生オーケストラなのに、7000円くらいですからね。本格的なミュージカルなら数万円する内容を手軽に楽しめるのです」

宝塚歌劇は未婚の女性だけで構成されている。一般的には、特殊なメイク、大階段、ベルサイユのばら、ラインダンス、華麗な芸名などのイメージがある。

「花組、月組、雪組、星組、宙組という組があり、『清く正しく美しく』というメッセージが根底に流れるわかりやすく美しいストーリー。男役はすべて女性なのに、男の色気が香り立っている。理想の男性の姿をそこに見ました」

ファンも「清く、正しく、美しく」

育成ゲームのような要素もあるという。舞台に出る人は、宝塚音楽学校の予科・本科（各1年・計2年）を終えて、舞台に立つ。舞台に立つ人のことを、タカラジェンヌと呼ぶが、同時に「研究科○年の生徒さん」と呼ぶという。

「最初は目立たなかったのに、どんどん上手になっていって、ほかを圧倒するようになるんです。独身時代、給料のすべてを宝塚に注いでいた頃は、ムラ（宝塚市のこと）にも通っていました。学校の文化祭を見て、『この下級生（在学生）さんはスターになる』という原石を探して応援するのです」

観劇者の目も養われている。光るものを見つけた子はスターになっていく。スターであっても学ぶ気持ちを忘れず、謙虚な姿勢を持ち続ける。そこに日本人の美学を見るという。

「宝塚を好きになると、品行方正になります。美しい世界に触れて、自分も磨かれていくようにも感じる。自己研鑽《けんさん》にもつながることが、宝塚沼のいいところです。ファンの私生活も宝塚歌劇団と同じように、清く、正しく、美しくなりますしね。あと、おしゃれになります。やはりファンとして恥ずかしくないように、観劇時のファッションを上品にまとめます。私も皇室愛用ブランドや着物など、季節に合わせて観劇用の服を持っています」

それらの衣類は購入にも維持にも費用がかかるが、推しを輝かせるためならば、金に糸目はつけないという。

ファンクラブ会員だけの特別ルール

そして、ファンはほかにも行うことがある。それは、公式ファンクラブ『宝塚友の会』への入会。そして、個別のタカラジェンヌの私設ファンクラブ〝会〟への入会だ。ただし、複数の〝会〟に入ってはならないのだという。

「個人を推すには、〝会〟に入って応援します。これにより、直接手紙を渡せたり、お茶会というファンミーティングに出席できます。〝会〟に入っているからこそ、出待ちと入り待ちができるんです。そのときは、指定ジャンパーやショールを身に着けて待ちます。このとき私語もスマホ操作も厳禁です」

タカラジェンヌによって、待機の区画が違うなど、いろんなルールがあるという。これらを仕切るのが、「代表さん」と呼ばれるファンクラブの代表だ。噂によると、私財をなげうって宝塚の活動に充てたり、親の代から務めている人もいるという。

「カメラを向けたり、歓声を上げるのは、会に入っていない人ばかりです。今のファンは、自由に行動したいらしく、会に入らずに応援する人も多いです。でも、みんなで応援するというのも宝塚沼の醍醐味なのにね」

タカラジェンヌは、退団までの年数が3～9年と短い。続々とスターは誕生し、魅力的な演目も続々と登場する。いつ行っても新鮮だからこそ、果てしない沼が広がっているのだ。

その4　2・5次元ミュージカル

推し活に5年で1000万円

2・5次元舞台が人気だ。これは2次元（まんが・アニメ、ゲームなど）の作品を3次元の俳優が演じる舞台を指す。

これが広く認知されたのは、2003年初演『テニスの王子様』の大ヒット。同作は斎藤工さん、瀬戸康史さん、志尊淳さん、黒羽麻璃央さんなどの有名俳優を輩出した。女性のハートをつかむ、人間離れした美貌とダンス、歌唱力、演技力のすべてが求められる。

幸奈さん（30歳）は、2・5次元舞台の中でも人気が高い『刀剣乱舞』に5年前からはまっている。その間、使った金額はなんと1000万円近いというから驚きだ。

「わりと待遇がいい会社の正社員なので、推し活にすべてを捧げていると言ってもいいかもしれません。もともとは歴女（歴史が好きな女子）で、戦国時代が好きだったんです。友達から『刀剣乱舞』のゲームをすすめられて始めたところ、最初は『史実と違う』などと言っていたのに、気が付けばドはまりしていました」

●推しが生身の姿で存在する尊さ

ゲームは、美麗な容姿をしている刀剣男士を集め、自分だけの部隊を結成。それを率いて戦場に行くという内容。

「私は和泉守兼定というキャラにはまったんです。もともと幕末が好きで、新選組副長の土方歳三にはまって、彼が生まれ育った多摩や、終焉の地・五稜郭も行くほど好きでした。和泉守兼定は歳サマ（土方歳三のこと）の佩刀《はいとう》としても知られている。仕事をしている以外はずっとゲームをしていて、休みの日は金曜の夜から月曜の朝までずっとベッドでゲームをしたり、アニメを見たりしていました」

当然、2・5次元舞台にも行った。

「推しは架空の人物だとわかっているんですが、舞台を観ると、今まで〝絵〟だった推しが、生身の人間となり、声を発し、発汗しているんですよ！　尊くて拝みました」

アニメやマンガのキャラクターは画面上で眺めるのみ。それが立体の生身の人間になって登場してくるというのは、奇跡のようだったという。

「あと、客席のみんなが『その世界が好き』ということ。サイリウム、応援ウチワもOKで、一体感にも魅了される人が多いです」

「全通」の醍醐味

東京のみならず、地方都市などの複数回行われる公演を全通（すべて行くこと）したこともあるという。

「その資金のために夜の仕事をしている人もいると聞きました。コロナ前にパリでも公演があったのですが、それを観に行った人も知っています」

同じ内容なのに、どうして何度も観るのだろうか。

「公演を重ねるうちに、演技がこなれてきて、息が合って来るから。そこを感じられるのがすごくいいんです。あとは、推しが生きていることを確かめに行くというか……。同じ演目でも、その舞台は1回のみですから。これはコロナ前のことですが、チケット争奪戦になっていたときは10万円以上の値で転売されていましたよ」

細分化されていく沼

2・5次元から始まる沼は無数にあり、作品、声優、俳優などそれぞれが深いという。

「キャラクターへの愛が強すぎて、俳優さんを愛しているのに憎んでしまった人もいます。俳優さんへのストーカー行為、『キャラへの理解が浅い』などとSNSで攻撃する人もいました」

あとはグッズの沼だ。缶バッジ、カード、アクリルキーホルダーなどは年代や舞台ごとに更新される。際限がないという。

「最初のうちは購入して家に祭壇（グッズを置く棚）を作って、キャラの誕生日には、キャラケーキを特注してお祝いしていました。でも、１人だと盛り上がらないんですよね。始めた当初は、貯金もあり財布も緩みっぱなしになります。グッズやチケット代、遠征費などで、一時的に借金生活をしていました。でも、あの手この手で、販促をしているのが透けて見える。そのうちに飽きて、線引きできるようになりました」

この作品の沼にはまってよかったことは、日本刀鑑賞の審美眼が磨かれ、博物館や美術館、神社などを巡るようになったことだそうだ。

「仕事の幅も広がり、推しがいてよかったと思います。ただ、彼はいませんし、結婚もしたくない。親も『結婚して苦労するくらいなら、ずっとそうしていなさい』と見守ってくれています。これからも一生、ずっと推しを崇めていたいと思っています」

それぞれの沼を見てきたが、この「推し沼」に共通するのが、はまっている人がすべて「幸せ」を感じていることだ。そこには微塵の罪悪感も背徳感もない。

「推しがいるから生きていられる」のだ。

他者課金型3

保護猫沼

猫は心のすきまに入りこむ

父の暴力、母の家出

問題意識を抱えること、誰かを助けようとすることから、沼が広がることもある。

都内のメーカーで契約社員をしている美代さん（48歳）は、8年前に保護猫活動に心血を注いでいた当時を振り返る。

現在は猫を8匹飼っているが、一時期は20匹以上いたという。美代さんのように、保護猫活動にのめり込む人は多い。美代さんの場合、その背景には幼少期のトラウマがある。

「幼いころから動物を飼いたかったのですが、親が厳しくてダメだったんです。特に父が動物に対して憎しみを持っていました。捨て猫が入っていた箱を、川に投げ入れたり、散歩中の犬を蹴ろうとしたりする変な人だったんです」

当時は昭和50年代で、今とはペットに対する常識や空気感は全く違っていた。犬はあくまで〝犬〟であり、家の外で飼うことが〝当たり前〟だった。街には野良猫が多く、飼い猫は首輪をつけて家の内外を行き来していた。去勢をすることは「かわいそう」と言われていた時代でもあった。

社会的にも動物の命は今よりも軽く扱われていたが、父の行動は行き過ぎている。

「父はおそらく精神の病を抱えていたんだと思います。私や母もずいぶん殴られました。特に母に対しては情け容赦ない暴力を振るい、その後、母は家出してしまい音信不通です。母が家を出ると、父は別の女性の家に行き、帰ってこなくなりました」

美代さんは施設と母方の祖母の家を行き来しながら育つ。

幸い、勉強が好きだった美代さんは見事、国立大学に進学。奨学金を受け、家庭教師のバイトをしながら、学校を卒業する。それなりに大きな会社に就職し、落ち着いた生活をしていた。

「そんな頃、両親の訃報が届きました。なんと2人ともヨリを戻して同居していたんです。死因はアルコール依存症による事故でしたが、半分は自死だと思っています。両親は同居しているのに、私には連絡をくれなかった。その後、祖母も死にました。

私は兄弟がいないので天涯孤独になってしまいました」

家族が欲しいのに、結婚できない

結婚の予定もなかった。父を憎んでいるからか、男性に父の面影を求めてしまうのか、30歳以上離れた男性でないと恋愛感情が持てなかった。それゆえに、20代の頃から50代の既婚男性とばかり恋愛をしていたという。

「会社に入ってからもそうでした。同じ年の人には、全く興味が持てない。でも大人の男性は、みんな結婚している。だからどうしても不倫になっちゃうんです」

家族が欲しいのに、好きになる人には家族がいる。恋人は平日の夜、自宅にやって来る。人目があるから、外でのデートはできず、家で性交するのみ。終われば恋人は家庭に帰るために、終電時間を気にしながら、美代さんの家を出る。

20代半ばになると、周りの友達は結婚、出産を経験していく。たまに会うと、話題は離乳食、抱っこ紐、バギーの使い勝手から、英会話の早期教育、小学校受験、中学校受験と目まぐるしく変わっていった。

「天涯孤独で、孤立無援。結婚を急かしてくれる人もいないし、本当に誰もいないいんです。仕事はしており、悪くない程度の給料をもらっていますが、出世の道が開けているわけでもないし、仕事が増えるから管理職には絶対になりたくないですし」

河川敷に倒れていた猫

そんなある日、孤独に耐えかねて、幼い頃に生活していた埼玉県と東京都の県境にある埼玉県側の街に引っ越した。自分が生まれ育った家のような小さな中古住宅を購入したのだ。それが40歳のことだった。

「両親と祖母の遺産がちょっとあったんです。あるとき散歩中に、血まみれになっている猫を見つけました。あのときの衝撃はすごかったです。死んだ父が蹴り飛ばした猫が生き返ったのかと思いました。幼い頃に父の乱暴を見ていたので、ドラマや映画でも暴力シーンは苦手です。血が流れると目をつぶってやり過ごしているのに、猫を見たときに体が反射的に動きました」

その猫はケガをしているのに抱こうとすると暴れた。そのとき、美代さんはショールを巻いていた。それは４万円もするものだったが、ためらいなく猫をくるみ、近くの動物病院に連れていった。獣医の診断では、人間に虐待された跡があるという。

その獣医は、「動物は法律上はモノなので、いたぶって楽しむ人は意外と多い」と語っていた。

「すぐにスマホで検索すると、いろんなかわいそうな猫が出てきました。個別の虐待もひどいけれど、それよりも恐ろしいのは多頭崩壊。猫は繁殖力が高く、1回の妊娠で3〜7匹産んでしまう。例えば、ある人が猫を拾い、その猫が妊娠していたとします。それを放置すると、1年も経たないうちに、20匹くらいになってしまう。世話をしきれず、強烈な悪臭に包まれて、排せつ物にまみれて猫が餓死していく。そんな事例を知り、怒りと悲しみでいっぱいになりました」

拾った猫は回復したら美代さんが飼おうと思った。しかし、内臓の損傷が激しく、その日のうちに死んでしまった。

たった1人の保護猫活動

不幸な猫を増やさないためにも、猫を保護する活動を始めようと奮起する。

「最初は保護猫活動を行う団体のお手伝いをしたのですが、スタッフ間の微妙な空気感と、マウントの取り合いに疲れてしまったんですよね。私はどうも人とうまくできない。あと、年上の男性に無意識に甘えてしまい、その男性からナメられてマウントを取られるのです。ある男性から、『かわいそうという気持ちで活動をしているのは不誠実だ』と怒鳴られたこともありました。活動家の多くは、〝猫が中心〟で、人間を信じていないことを隠さない人が多い。譲渡のときの猫の里親さんとの交渉なども疲れてしまい、団体での活動をフェードアウトしました」

でも、その団体で、野良猫の捕獲ノウハウ、活動を支援してくれる動物病院などを知ることができた。そして、できる範囲で、個人で活動をしようと決意する。

「猫の気配を感じながら、毎日のように散歩をしていると、猫は結構、捨てられている。そんな猫を見かけると、捕獲して去勢・避妊手術をして、予防接種をします。その経費は男の子なら４万円、女の子は開腹手術をするから６万円くらい。でも見捨てられないんですよね。家に連れて帰ると、最初は隠れていたのに、やがて私に慣れてくれます。持ち家だから飼育頭数制限もありません」

野良猫に無責任にえさを与える人に対しても、面と向かって忠告したという。相手から「バカ野郎」とか「クソババア」と面罵されたり、ペットボトルを投げつけられたこともあったという。

「猫は際限なく繁殖します。去勢手術をしてあげずに、えさをあげて繁殖させる罪深さを知らないんです。寒い日、暑い日など厳しい環境に猫は生き、カラスに攻撃されたり、人にいたぶられたり、交通事故などで死んでしまう。猫が街にいることが不幸なのです。それに、この世の中には猫が嫌いな人も多くいます」

猫は「永遠の赤ちゃん」

ところで、なぜ、そこまで猫に感情移入したのか。

「たぶん、私の共感力が高いからだと思うんです。線引きができない。子供の虐待のニュースなどを見ると、苦しくて悲しくてたまらなくなります。子供を助けることはできませんが、猫は助けることができます。それに、猫は『永遠の赤ちゃん』として、私だけを頼りに生きてくれる。私に世話をされないと生きていけないので、ひたむきに私を頼ってくれるのです。猫はさみしい心に潜り込んでくる」

人間の世界は差別だらけだ。容姿、収入、勤務先、学歴、無意味な暴力……それにまつわる不安、自責の念、苦しみなどがミルフィーユのように重なり合っている。

「私は会社の人から『独身でボロ家住まいの猫ババア』だと思われています。一応大きな会社ですが、あれだけ努力して勉強したのに、やりたくもない仕事をしており、友達も少ない。こんなはずじゃなかったと泣きながら眠っていると、背中のあたりで猫が丸まっている。そのぬくもり、生きている気配に癒されるのです」

猫を飼うのにはお金がかかる。家を現金一括で購入したために、貯金は使い果たしてしまった。

給料は手取りで30万円、猫にかかる食事代や医療費は月に3～6万円。エアコンをつけっぱなしにするために、光熱費もバカにならない。

「コロナによる業績不振で、ボーナスはカットされました。でも、猫の保護はやめられない。借金してでもやる予定です」

猫は20年生きると言われている。一時期は20匹以上いたが、現在は8匹だという。

そのほかの猫はどうしたのだろうか。

「里親さんにもらってもらいました。本当に信頼できる人に譲渡して、どの子も幸せに生きています。ウチにいるのは障害があったり、持病がある子ばかりです」

猫が原因で近隣からも孤立しているが気にしないという。「猫を助ける」という強い思いがあるから、その沼にはまっても幸せなのだ。

ドヤ（承認欲求）型1

不倫沼

不倫は男としてのやめられない「腕試し」

妻からの離婚申し立ては夫からの3倍

2020年度の裁判所の資料「婚姻関係事件数　申立ての動機別申立人別」を見ると、家庭裁判所への離婚申し立てがあったのは夫からが1万5500件、妻側が4万3469件と、妻からのほうが3倍近く多い。

妻から申し立てられた動機の1位は「性格が合わない（1万6304件）」、2位が「精神的に虐待する（1万948件）」、3位が「暴力をふるう（8576件）」だ。4位にやっと「異性関係（6505件）」が来る。

夫からの申し立て動機も1位は同じだが、3位に「異性関係（2132件）」、4位が「家族親族と折り合いが悪い（1964件）」と続く。

異性関係が離婚の動機になるのは、全体の14％程度だ。

既婚者の浮気は「不倫」と呼ばれる。ここでは、不倫沼にはまった人のケースを紹介する。

●女が不倫する理由、男が不倫する理由

不倫について、多くの男女を取材してきたが、どれも興味深かった。そこには男女差が明確にあり、女性の不倫の目的の多くは「夫では埋められない心の隙間を不倫相手で補完すること」だ。例えば、夫が妻を褒めない、夫の共感力が低い、夫が話を聞いてくれない、セックスレスなどによる「空洞」を妻は不倫相手で埋める。

男性の不倫の目的の多くは「まだ男としてイケる」と確認するような動機が多い。既婚男性にとって恋愛は難度が高いゲームに似ている。モテる人、恋愛が得意な人は、その力を試すように恋愛を繰り返す傾向が強い。

家庭というケージに入り、妻に牙を抜かれてしまっても、「まだイケるのではないか」とフィールドに出る。そして、仕留めやすい女性と関係を繰り返していく。家庭というベースがあるので、そのサイクルは短くなる。

3年サイクルで彼女を替える既婚男性

康彦さん（45歳）はまさに不倫沼にはまり続けている男性だ。名門私立大学を卒業し、大手不動産関連会社に勤務しており、年収は2000万円を超えている。見た目もスッキリしていてカッコいい。妻は元客室乗務員で、2人の息子は自分の母校の付属小学校に通っている。

彼は、3年サイクルで彼女を替え、新たに親しくなる女性は年間10人くらいいるそうだ。誰もがうらやむ妻がいるのに、なぜ浮気をするのだろうか。

「女性のほうから来るからですよ。僕とデートしたいという女性は、30～35歳の婚活女子が多いのですが、『まともな男はみんな結婚している』と異口同音に言います。確かに、僕の部下を見ても、独身の男は相手の話を聞かなかったり、相手を気持ちよくさせることに興味がなかったり、変にケチだったりして、僕が女なら絶対にデートをしたくないような奴ばかり」

康彦さんの不倫は、「今度飲みに連れて行ってくださいよ」という女性の一言から始まる。そこで、行きつけの渋谷のワインバーや、日比谷のフレンチ、代官山のビストロなどに誘う。酔ってくると女性がしなだれかかって来る。

「甘え方にも何通りかあり、これは言葉では説明しにくいんだけれど、地雷になりそうな子は避けて、楽しくセックスできそうな子や、明らかにキレイで人気がある子、頭がいい子とホテルに行きます。セックスしますが、それだけ。向こうも人肌が恋しいとか、性欲がたまったとかそういう理由で僕を使っている」

妻はわかっているのだろうか。

「カミさんは絶対に知らないし、知らせない。女の子たちにも、最初から『僕は妻が好きだし、離婚はしないよ』と伝えています。何も包み隠しません。女の子も話を聞いてくれる年上の男と遊びたがっているんだと思う。もちろん、会っている間はその子のことを一番愛しているし、向こうも彼氏のような感覚だと思う。レンタル彼氏・彼女という感じなので、金銭の授受はありません。もちろん、食事代とホテル代は僕が出しますけどね」

その金額の合計は3万円程度だという。「風俗店に行くより安いです」と快活に語る。

ドーパミンが出る快感

月に1～2回、そのようなことをしていて、疲れは出ないのだろうか。

「全くない。昔から、みんなが『いい』というものを手に入れるのが好きなんです。『この子だ』と思うと、グワーッとドーパミンが出る感じがあります」

一般的に「愛は4年で終わる」と言われている。これには、ドーパミンという脳の腹側被蓋野にある脳内神経伝達物質が関わっているという。特定のモノや人に欲望を感じるのは、このドーパミンが分泌されるからだ。

そうなると、強い高揚感に包まれ、体が浮遊するような熱狂的な感覚に包まれる。恋愛初期の衝動はこのドーパミンが関わっている。しかし、望みの物を手にすれば、ドーパミンの分泌は止まる。女性を手に入れた瞬間は、高揚感があるだろう。

「それはありましたね。『こんなかわいい子が俺と寝ている』という感覚。独身時代って、読者モデル（読モ）が出始めたころで、僕たちみたいなちょっといい会社の男と、読モの合コンが盛んに行われていたんです。かわいい子がいっぱい来て、僕、読モの〝フルコンプ〟しましたもん」

フルコンプというのは、全てコンプリートすること。つまり、康彦さんは、都内のかわいい素人女性と「全員寝た」ということになる。

「当時は仕事も暇だったので、エクセルで寝た女の採点表を作っていました。〝○○

さん・○○大学卒・○○勤務・顔80点、体65点（胸が小さい）、会話40点〟などです。

結婚するときに消しましたけれどね」

不倫の理由は「承認欲求」

結婚相手となった妻は、読者モデルではないという。

「表に出てチャラついている人は、嫌いなんですよ。ウチの親も絶対に許さないし。カミさんは同じ大学を出ていて賢い。フランス語も英語も話せます。海外で生まれ育っているから、自分の意見を持っている。仕事もできて尊敬できるんです。最初に会ったときに、遊びの女とは違う感覚がありました。特別なんです。だから、『遊びまくったくせに、いい女と結婚した』と親戚からも仲間からも賞賛されました」

そんな妻がいても浮気をするのは、チャンスがあるから、だけなのだろうか。

「承認欲求かもしれません。芸能人並みにキレイで賢い女性と遊ぶのは、僕のレベルの男でも難しいことなんですよ。この年で、飯代とホテル代だけでできているのはごく少ない。芸能人とはやったことはないですね。あの人たちは神々しいほど美しいから、さすがに気後れする。またああいう人の一部は、超大金持ちの〝持ち物〟って噂もついて回っていますからね。この世の中は超大金持ちが動かしていて、僕はその余りを分け合っているような感じですから。女もそう。そんな僕がみんなが『欲しい』と思っているものを、的確な努力で手に入れている。そこに生きている手応えのようなものを感じているのかもしれない」

いつからそう感じているのだろうか。

「昔から？　本当に欲しいものは手に入らないとわかったことかな。例えば、漫画とかゲーム機とかはウチの親は絶対に与えてくれませんでしたから。中学生のときは太っていたので、いじめられたし、好きな女の子にラブレターを書いたら晒されたこともあったし。私立だったからいじめにまで発展しなかったけれど、明らかに浮いていたと思う。それが、高校で痩せた瞬間に、女の子の態度が変わった。大学の頃は入れ食い状態でしたからね」

このときに「ヤバい子」を見分ける嗅覚が付いたという。

「『付き合ってほしい』と言われて断ったら、自殺未遂されたことがありました。そういう地雷になる子って、『私なんて〜』と言ったり、自分のことばかりしゃべったりする。また、自虐的な発言も多いですしね。そういう女の子を避ける嗅覚を持つと、恋愛は簡単。簡単だから結婚したって腕試しがしたくなるんです」

「彼女」を見つけるパーティ

3年に1回替えるという彼女について聞いた。

「これは不思議なんだけれど、仕事関連で知り合った人が自然と彼女になって、気が付いたらいなくなっているんですよ。何でしょうね。彼女は40代が多いです。既婚者もいるし、バツイチもいる。今の彼女は40歳のコンサルタントです。バツイチで子供はいません。今は神戸の会社に出向をしており、僕が関西に出張に行くときに、ホテルで会う。きちんとした考え方をして、すごい美人だから話していて楽しいんです」

歴代の彼女について伺うと、音楽プロデューサー、映画のバイヤー、通訳、官僚、グローバル企業の社員など、錚々《そうそう》たる肩書の人が並んでいた。

「僕は会社でできないことを仕事にするために、自分の会社を持っているんです。人が集まる自由な場で、クルーザーでワイン会をしたり、ウチのマンションのパーティルームに寿司職人を呼んでみんなで楽しんだりしているんです。その過程でいろんな人と知り合いますからね」

そのパーティには、妻も顔を出すという。

「妻も会社を持って仕事をしていますからね。妻は浮気をしていません。彼女は育児も仕事も忙しいので、そんなことをしている時間はないんですよ。僕は会社が給料をくれるし、自分の会社は社員が回してくれているので、時間があるんです」

これからも不倫は続けていくという。

「時間は有限だから、家族のために使おうとも思うんですが、定期的に女の子とエッチするというのがルーティンになっているので、それはやめられない。今度、シリコンバレーに出張に行くのですが、元彼女と会う約束をしているんですよ。彼女は僕と別れた後、結婚して現地で生活しているのですが、『打算で結婚すると退屈だ』と言っていました。モテない男と結婚して、ぬるま湯のような生活を送っていると、僕みたいな人間と会いたくなるんでしょう」

ドヤ（承認欲求）型２
買い物沼
自分を輝かせるために、買う

●コンプレックス解消のための買い物

「買い物依存症」という病名がつく人の話を聞いたことがあるが、それは壮絶だった。不要なものまで買ってしまい、家に足の踏み場がなくなる。買った物を覚えていない。買ってから後悔をするのに、買い物をしないとイライラして家族に当たって離婚した、など。

メディア制作会社で働く久美さん（30歳）は「私の場合は、買い物沼だと思います」と語る。彼女は21歳のときに買い物を重ねてつくった借金２００万円を親に肩代わりしてもらったことがある。

「あのときは、買い物でコンプレックスを解消していました。私は身長が低くて服が似合わない。学校にもヒールで行きたいくらいで、厚底のローファーをはいていたくらい。大学2年生のときに、お金持ちの友達とデパートに行った。彼女にすすめられるまま靴を試し履きしたら、それがシュッと背が高く見えるほど素晴らしい。当時の私の感覚では靴は高くても1万円くらいなのに、それは7万円もしました。『バイトすれば買えるかも』とクレジットカードで購入。それから、その靴売り場、服、化粧品とコンプレックスを解消するように買い物をしていたら、1年で200万円になり、親に泣きついて返してもらいました」

そのときの親の反応を聞くと、父親に殴られたという。

「両親から全く褒められず、チビだのニキビが汚いとか雑に扱われていると、誰かに賞賛されることに飢えるんでしょうね。私が買い物が好きなのは、店員さんに『お似合いですよ』と言われて、それを持っていると『すごいね』とか『かわいいね』と言ってもらえるから」

久美さんの年収は500万円程度。そのうちの300万円以上をシャネル、ルイ・ヴィトンなどのハイブランドでの靴やバッグ、アクセサリーの購入と、トレンドのブランドの服購入に充てているという。

「大学時代に、コンプレックスを解消するための買い物沼にはまっておいてよかったと思うのは、あの時期にモノを見る目が磨かれたこと。服や靴、バッグ、アクセサリーって、自分の容姿に何が合うかをわかっていないとおしゃれだと言われないんです。あのときに、安いブランドで訓練していたから今がありますす」

27歳で、買い物熱再燃

久美さんは、27歳から再び買い物に目覚めたという。

「新卒で就職してから5年くらいって、仕事に全精力を傾けるじゃないですか。ウチの会社はブラックなんですが、この仕事が好きで入って来た人が多いので、みんなめっちゃ働くんです。仕事を頑張って結果を出せば賞賛されるし、失敗しても先輩が見守っていてくれる。女性の先輩も男っぽくて、『よくやったな』などと頭をワシワシされると涙が出るくらい楽しかったんです」

仕事がデキるほど、地位が上がるのが会社の常だ。ずっと現場にいたくても、27歳のときにリーダーになってしまう。

「拒否したんですが、ダメだと言われた。部下がいるともう誰も褒めてくれない。仕事も上から見るようになると、それまで夢中だったことがつまらなくなるんです。ゲームの攻略本を見ながらチートで攻略していく感じがするんですよね。そこで時間もでき、それなりの立場の人と会うための服が必要になったので、『新作でも見るか』と久しぶりにデパートに入ったんです」

最初に向かったのは、学生時代には買えなかったブランドの売り場。シャツ1枚3万円程度のモード系のお店だった。

「当時は全く買えなかったのに、今は買える。それどころか安いと思えた。新卒から5年間、仕事ばかりしていて、旅行にも行っていなかったので、500万円くらいの貯金があったんです。そこで、ジャケット、パンツ、シャツ2枚、スカート、ベルトを購入し、50万円支払いました。そのときの店員さんの驚く顔、周囲の客が羨ましがる顔などを見て、自分の格が一気に上がったような気がしました」

●人間が試される品評会

学生時代の買い物時、服を購入しても着ないことが多かった。しかし今は打ち合わせやパーティなど、着ていく場所がある。

「服はアクセサリーも欲しくなるんですよ。ファッションって知れば知るほど深い。

服にはトレンドがあるので、シーズンごとに買いそろえなくてはいけない。服のために30万円のアクセサリー、90万円のバッグなどが必要になる。私は身長が低いからそれをカバーするために、たくさんのアイテムを買わなくてはならないんですよ」

今、バッグや服をレンタルするサブスクリプション（定額サービス）もあるが、それは「チートでありフェイクだから」使わない。

「自腹を切って買ったからこそ輝くんですよ。自分で購入するから体に定着する。そのしっくり感があるからこそ、『おしゃれですね』と言ってもらえるんです。それに買い物ってエンタメなんですよ。洗練されている外観・内観のお店に入るときの周囲の視線。知り合いの店員さんが、ほかのザコ客とは態度を変えて、奥から新作を出してくれるときの、『あの人、すごい』というささやき。それを試して自分に合わないと感じたら返すとき、店員さんが０・００1秒だけ、〝チッ〟という表情をして、にこやかに『別のモノをお持ちしますか？』と言われるあの感じ。そして、何着か試して自分に合うものを購入したときの店員さんと周囲の人の感嘆のオーラなど。そういうこともすべて、買い物の魅力なんです」

購入したものは、自分を輝かせる。

「あと、ブランドショップって、人間が試される品評会みたいなところがある。例えば、買い物時に、飲み物まで出されていたすごいマダムがリボ払いを設定しているのをチラ見してしまったりね。あとは、金持ちそうな男性のクレジットカードが切れず、『じゃあこっちはどうかな？』などとゴールドカードを出して、それも切れず、店員さんが『磁気不良かもしれませんね』と、明らかな限度額オーバーをスルーする姿を見るとめっちゃ優越感に浸れる」

それを横目に、久美さんは航空会社系のゴールドカードを切る。旅行なんて全然行かないのに、マイルは貯まる。そのマイルは買い物に使うのだ。

「先日、私と同じ新作バッグを購入した、60代の男性がいたんです。このバッグはユニセックス仕様なのですが、こんなにダッサい男が使うのかと驚いて頭の片隅に記憶。私が店から駅に向かう途中にブランド買取ショップがあって、そこを通りかかると、その男性が中から出てきたことがあったんです」

彼はおそらく、購入したバッグを換金していた。借金の返済が重なりどこからも借りられなくなると、カードの買い物枠を使って買い物をする。かつては商品券が購入できたが、今はそれができない。そこで、ブランド品を購入し、現金化して返済に充てるのだ。

店員に忘れられたくない

「自分のために、好きなものを買う。それは自信につながっていく」

ところで、そこまで買い物をして、消費者金融の門を叩いたことはないのだろうか。

「ないです。と言いたいところですが、あります。カードの引き落とし日に3万円がどうしても足りなくて、消費者金融でキャッシングしました。あそこで現金が出てくるのが快楽で、カラカラの体にグワッと血液が通う感じがするんですよ。これは『感覚がマヒするあかんやつだ』と思って、その週末に日雇いのバイトをしてすぐに返済しました」

これからも買い物は続けていくという。

「結婚する予定もないし、音楽とか舞台とか推し活もしない。たぶん、私はすごくコンプレックスが強くて、自分が好きなんです。だから、買い物をし続ける。だって、続けないと店員さんから忘れられちゃうじゃないですか。結婚したら、それができなくなりますからね」

ドヤ(承認欲求)型3
グルメ沼
「いいね」3ケタ超えよりも素の自分で生きられることが嬉しい

4年で体重30キロ増も「充実」

通信関連会社の正社員として働く沙織さん(33歳)は食べ物系の写真をインスタグラムにアップし続けている。これを始めてから4年、48キロだった体重は、80キロまで増えたが、以前よりも毎日が充実しているという。

「インスタは友達との連絡用に始めました。友達のキラキラした投稿を見て、自分もやってみようと思うようになりました。寝る前に、『今日はみんな何をしているのかな?』と見ると、ヌン活(アフタヌーンティーを楽しむこと)をしたり、キレイな夜景を見たりして、すごく楽しそうなんです」

それに引き換え自分は地味だ。友達のインスタグラムを見るうちに、「私ってダメだな」「世界が狭いな」「仕事がつまらない人は、人生もつまらないいんだ」などと自己否定を繰り返すようになった。

インスタ投稿と「おいしいもの」に目覚める

「そのことを親しい友達に話したら、『インスタなんてその最高の瞬間を切り取っているだけだよ』と言われたんです。そして、彼女から『試しに日本橋にある千疋屋総本店の3000円のマンゴーのパフェを上げてみなよ』とすすめられました」

自分の顔を出さずに、パフェを出すだけ。なるべく写真をキレイに撮影し、季節感を盛り込む。そしてハッシュタグをつけて、位置情報もつけてあげてみろと、言われた。

「言われたとおりにしたら『いいね』の通知が鳴りやまない。それよりもすごかったのは、そのパフェのおいしさ。それまで私が30年間食べてきた、近所のスーパーのフルーツにはない品格。みずみずしさと果肉の軟らかな切れ味。果物の繊維にめり込む前歯が喜んでいることがわかるほど、感動的な味だったんです」

果物のおいしさに目覚めた沙織さんは、探究したくなった。そのうちに、10人以上でないと予約できない大田区内にあるパフェ屋さんの存在を知る。

そこは有名な店で、大量の良質のフルーツを盛り込んだ山のようなサイズの見た目も美しいパフェを提供する。それだけでなく、サンドウィッチやカレーなどの軽食も美味なのだ。

「そんなところに一緒に行ってくれる友達もいないし、予約困難だと聞いていたので、指をくわえて見ていたんです。私の投稿にいつも『いいね』をくれる女性がたまたまそこの店に行っており、『私も行きたい』とダイレクトメッセージを送ったら、『半年後に予約を取ったから、一緒に行く?』と誘ってくれたんです」

●予約困難店に行ける「集団」

数年前から、人気の飲食店は予約困難だ。人気の条件は「SNS映えと味を両立している」こと。それだけでなく、量が多いのに安い。そして、ユニークで食への探求心が強い店主がいることだ。

このすべての条件が揃っていると、店は数カ月〜数年待ちという状況が当たり前になる。集団で予約してしまうので、一般客はいつまでたっても予約が取れないが、一度その〝集団〟に入ってしまえば、毎週どころか毎日のように誘いが来るようになる。

「一時期は週に3回は誘われていました。月曜日に浅草で焼肉、水曜日に五反田で創作料理、金曜日に代々木でピザとか。そうするうちに、胃が広がりだんだん食べる量が増えていき、体重も右肩上がりで成長。私は母と2人暮らしなのですが、『あんた、大丈夫？』と心配されました。どうも母はホルモン関係の病気を疑ったみたいです」

●食事会主宰は「神の気分」

その後も体重は増え続けた。それに比例して、かつては食べきることができなかった大量の料理も、難なく平らげられるようになる。

「以前、どうしても食べきれなかった大田区のお寿司屋さんも、今ではペロッと行けちゃいます」

それらの写真をインスタグラムにアップすると「いいね」がたちまち3ケタを超える。以前の自分では考えられなかったことだ。

「人脈も一気に広がって、大手企業の役員とか、船会社の社長、老舗のご主人、アーティスト指名の通訳、びっくりするような地主さんなどとどんどんつながっていく。ただ一緒においしいものを食べるだけなので、軽い感じの関係ですよ」

最初は誘われるだけだったが、自分も主宰するようになる。これが「大変だが楽しい。これこそが沼だ」と思ったとのことだ。

「予約困難店の中でも、銀座の焼肉屋さん、人形町の肉屋さん、大田区のイタリアンなど、特定の予約受付日に何百回も電話をかけて予約をするんです。ほとんど予約は取れないのですが、1回だけ銀座の焼肉屋さんが取れた。そのときにどのメンバーを誘うかを考えながら、自分が神になったような気分でした。この優越感って、筆舌に尽くしがたいほどなんです」

あの人は金払いが悪い、この人は悪口を言う、あの人はドタキャンした経験がある、あの人は私の体型をバカにした目で見た……そんな視点で淘汰《とうた》していく。

給料はすべて飲食代

それにつけても、沙織さんはよく食べている。話を聞きながら、飲食代を足し算していくと、毎月20万円近く食に使っていることになる。

「ほぼ、給料の全額を食べ物に使っています。岐阜の和食店、金沢のステーキ店などへの〝遠征〟もありますから、貯金もすっからかんですよ。飲食店が休んだコロナ禍は、極上の魚や肉を仕入れて、タワマンのパーティルームやクルーザーに料理人を呼んでみんなで食べる会にも誘われました。そういうときは〝それなり（1本2万円以上）〟のワインを持参せねばなりません。食材費やシェフの人件費も加えると5万円以上になることもありました」

かつては体型を気にして、食事量も極端に制限していたが、4年間で32キロ増えてからは、もう気にしなくなり、誰も何も言わない。

「すごくラクですよ。素の自分で生きられますから。当然、恋愛もしていません。以前いた彼氏は自然消滅していました。思えば、『インスタなんて何が楽しいんだ？』なんてバカにするような男でした。『女らしくしろ』とか『痩せている女が好きだ』と言っていたから、いろいろ我慢していたんです。今はホントに幸せ。コロナや戦争もあって、いつ死ぬかわからない。それなら今を精一杯幸せに、悔いがないように生きたいと思います」

ドヤ（承認欲求）型4

インスタグラム沼

インスタの中の私は「なりたい私」

●「インスタ映え」の罠

前出の沙織さんのようにインスタグラムをきっかけに幸せになった人もいれば、その沼にはまって困難な状況に陥った人もいる。

派遣社員の星美さん（28歳）は、4年前に「インスタ映え」の罠にはまった。2年前、コロナ禍のときに友人から多重債務を指摘されたことを機に、インスタグラムのアカウントを削除。なんとか、その沼から抜け出すことができた。

当時、星美さんのフォロワーは3万人いた。比較的早く始めていたことと、美容の情報が多かったこと。ときどき水着写真を上げることで、フォロワーはあっという間に増えていった。

「コロナがなくて、あのままインスタにはまり続けていたら、本気でヤバかったと思います」

星美さんはいわゆる〝キラキラ女子〟だ。黒髪、細くて白いボディの持ち主だ。彼女が水着を着た写真を上げれば、男性はもちろんのこと、女性も魅了されてしまうだろう。

「小さい頃から、周りからは『かわいいね』と言われていたし、モテていた。中学校から美容とメイクとファッションが好きでした。モテたいというよりも、自分が理想とする『かわいい』を極めたい気持ちがありました」

インスタ投稿1カットのために7万円

語る言葉の持ち合わせが少なく、何かもどかしいように語るところがある。そして、なんとなく恥ずかしそうにしている。

星美さんがインスタグラマーだった時代は、「インスタ映え」が隆盛を極めていた。キラキラとした日常を誇示するように投稿を行い、キラキラすればするほど賞賛を集めた。しかし、いつの頃からか、「インスタ映え」という言葉は使われなくなり久しい。

2022年現在、多くの『いいね』を集めているのは、時短レシピや100均グッズの使い方、キャンプのテクニック、ガジェットの使い方などの実用的な情報だ。

「都心のホテルのナイトプールがすごい」とか「友達とオシャレなカフェで腹筋崩壊。友達っていいいね」「新作、買っちゃいました」というような、かつてのトーンの投稿を見ると時代遅れな感じもある。ネット世界の流行は栄枯盛衰が激しい。

「そうなんです。私がインスタグラマーだったあの頃は『映えるほどいい』という世界観がありました。すごく寒いのにナイトプールに行ったこともありますよ。スワンの浮き輪に乗ったワンシーンを撮るため。それだけのために2万円の水着と3万円のサングラス、1万円のビーチサンダル、5000円の新作のリップを購入し、6000円のプール券を購入していました」

キラキラ写真1カットに、7万円。

「もちろん、友達同士で貸し借りもしますけれど、手取りが20万円にもならないので、お金はいつも足りなかった。でも、見てくれる人がいて、期待してくれているファンのために、そういう自分をつくっていました」

インフルエンサーであるために

２０１８〜19年当時はインフルエンサーマーケティングが主流だった。星美さんのようなインフルエンサーはマスメディアに出てくる芸能人より近く、友人よりも遠い存在として、スター的な存在になった。手に届くようで届かない、微妙な距離感の〝憧れ〟。

星美さんはその偶像を維持するために、頑張った。「頑張る」とは、相手の求めるイメージに自分を添わせることにある。それはすなわち、お金を使うことにつながっていく。

「服やバッグ、メイク道具の購入、家のインテリアを整えるのに結構お金を使いました。食べ物も〝映える〟フードばかり頼んでいました。でもあれって高価なんですよ。２０００円以上のパフェやワンプレートランチを頼んだものの、食べたら太ってしまうので、写真を撮って終わり。私自身が食べたいわけではなく、ファンの方が私に食べていてほしいだろうと思うものを、頼んでいました」

膨らんでいく借金

インスタグラマーは日常を切り売りする。食べ物はもちろん、仕事休みの1コマもそうだ。コンビニのコーヒーで十分だが、それは星美さんを輝かせる小道具にはならない。それゆえに、値段が5倍以上するスターバックスに行って、デカフェのコーヒーをオーダーする。

手取りの給料は20万円に満たない。実家暮らしをしているとはいえ、両親は高卒の会社員だ。大卒に比べて収入は少ないという。当然、お金は足りなくなる。

「コロナの前、キャッシングを繰り返していたら、その合計金額は100万円になってしまったんですよ。買い物や日常のすべてはクレジットカードで払っていて、毎月3万円ずつリボ払いで返済していました」

インスタグラマーとして人気があっても、PR案件のようにお金が発生したことは皆無だった。せいぜい、化粧品などが送られてきて、それを使って写真を上げる程度だったという。

「たくさんの『いいね』をもらうと嬉しくなる。そしてファンの方が増えていくと、みんなに褒めてもらえるような投稿をしなければならないという強迫観念に取りつかれていました」

当時の借金は、キャッシングで100万円。リボ払いの残債は150万円以上あったという。消費者金融にもお金を借りており、借金の総額は200万円。20代前半の女性にとってこの額を返すのは大変だ。しかも、親にもお金はない。

リボ払いは金利15％程度だったが、この金利の概念もなかった。「リボ払い」と「分割払い」の違いもわからなかったという。

リボ払いは残高に対して利息がかかって来る。その利息と買い物の代金がゼロになるには、10年近くかかる計算になっていた。

「今もその仕組みがわからないんです。リボはお金をいくら使っても、毎月3万円の返済額でいいというのは、便利だと思っていました。ただあるとき、友達にリボ払いのことを話したら『それ、マジヤバイ』と言われたんです。友達の知り合いの司法書士さんを紹介されて、相談すると『多重債務になっていますよ』と言われました」

アカウント削除

結局、返済をひとつにまとめてその計画を立てたところでコロナ禍になる。コロナ禍では〝映え〟どころではなく、思い切ってインスタのアカウントを削除して、返済に集中することにした。２００万円の借金は、毎月７万円ずつ返済している。

「インスタが続いていたら、１００万円の時計を買ってしまっていたと思います」

星美さんには、自分で好きなものがない。だから、行動が「ファンの方からの期待」と「いいね」基準になっていた。

「ブームになっていること、モテることなどにお金を使っていましたね。司法書士さんは私のことを『見栄っ張りになることは、若いうちにはよくあることです』と言ってくれたのですが、そうではないんです。私はインスタの中の私になりたかったのかもしれません」

返済を頑張っているので、当初は5年ほどかかると言われたが、３年で返済できそうだという。

「放置したら自己破産になっていたかもしれないとも言われました。友達には感謝です。今も再びインスタを始めようかなと思って見てみると、かつて私が投稿していたような内容のものは、全くウケないことがわかりました」

借金を返済したら婚活がしたいそうだ。

第4章

沼にはまったことで人生を切り拓いた人たち

ここまで見てきたように、魅力に抗いきれず、はまってしまうのが「沼」だ。「好き」とか「楽しい」などの感情を飛び越えて、身も心も惑溺してしまう。

客観性がないからこそ、沼ははまると底がない。だからこそ、知見を蓄積でき、それが他者との差別化につながり、人生における武器になるともいえる。

沼にはまると、ひたすら知識×経験を積み続ける。あらゆる情報を網羅しようと活動し、それをどのように取り込むか、情報として残すかを工夫するようになる。

深い愛情と想像力は現状を打破する力になる。勉強も仕事もそうだが、ひとつの物事に取り組み、場数を踏み続けると、事象を俯瞰する視点が生まれ、他者を圧倒するほどの能力が育まれる。

その能力が時代のニーズと合致すると、専門家として独立できたり、収入を得たりする。つまり、沼にはまった経験が、人生を好転させる武器になるのだ。

●「失敗」「偏愛」を武器にする

31歳の会社員の男性は人気ゲーム『荒野行動』の沼にはまった。課金されているとは知らず、２００万円も支払ってしまい、カードの請求額を見て、唖然とする。

このゲームの運営元は中国の企業だ。事情を話して返金を願うも、すべて突っぱねられてしまった。この経験をもとに、ゲームの課金トラブルの相談を行うようになる。するど、多くの人から問い合わせが来た。「自分のバカげた経験が、人の役に立っている」と実感して幸せだという。

サウナの情報をインスタグラムやユーチューブで発信している26歳の男性は、月20万円以上の収入をサウナ情報の発信から得ている。

「そもそもサウナにはまったのは、理不尽な上司に半年かけてつくったプレゼン資料を没にされたこと。真っ白な灰のような心身になってサウナに行ったら、人生が変わるくらいの感覚を得たんです」

それからというもの、貯金をはたいて全国津々浦々のサウナを回る。サウナ仲間もでき、協同して情報発信をすることにしたという。

彼の動画を見ると、ファンならではの情報と着眼点を盛り込んでおり、おもしろい。

再生回数がうなぎ上りだというのもわかる。沼にはまった人ならではの偏愛が、人の心を打つのだ。

ほかにも子供の中学受験沼にはまり、そこで得た受験情報でオンラインサロンを立ち上げた40歳の女性がいる。受験は季節性のネタなので、情報発信には限りがある。世のママたちが幸せになれそうなネタを必死で探すうちに、自分が受験に目覚めてしまった。今では有名大学の社会人大学院に通っている。「卒業したらグローバル企業に転職する予定です」と笑顔で語る。

服沼

「好き」を貫き、自己流を極める

●スタイリストとパーソナルスタイリスト

明子さん（40歳）は、服好きが高じて、パーソナルスタイリストとして活動している。集客はＳＮＳが中心で、ここ5年ほど活動しているが、月収は20万円を超えているという。

そもそも、パーソナルスタイリストとはどのような仕事なのだろうか。

「その前に、プロのスタイリストとの違いをお話しします。雑誌やテレビなどで活躍するスタイリストは、タレントさんやモデルさんに最も似合う最新の服をコーディネートして着せる仕事。高価な服はスタイリストさんが信頼と関係性を積み上げているから、貸し出してもらえます。そして撮影や出演が終わると、着終わった服は返却します」

テレビ番組やドラマ、映画の最後に「衣装協力」としてブランドのロゴが掲載される。それを見た人が、「あのタレントの着た服が欲しい」とブランドに問い合わせれば、スタイリストの価値は上がる。ブランドからすると、著名人に直接服を着せるのは、広告になる。広告は数百万円以上のコストがかかる。しかし、スタイリストは自分からリースに来てくれて、それを著名人に着せてくれる。ありがたい存在にほかならない。

有名人から指名があるほどの実力があるスタイリストはブランドから崇め奉られる。

そして、ブランドは彼ら彼女らに「ギフティング」として現物を送る。

「私の〝師匠〟は有名スタイリストだったので、ギフティングの嵐でした。事務所の床には10万円以上のバッグや服が放置されていました」

スタイリストになるには服飾専門学校などを卒業後、師匠について、月10万円程度の賃金をもらいつつ、朝から晩まで働かねばならないという。

その下積みの期間は約2年間。ここで膨大な量の服を見て、師匠のコーディネートのバランスを会得する。2年ほどついて歩いていれば、ブランド、編集者、映画監督、プロデューサー、タレントなどに顔が売れて、仕事の声がかかるようになるという。

「でも、独立まで行く人は少ないし、続けられる人はさらに少ない。それは仕事があまりにもきついから。私は血尿が出て半年で辞めてしまいました。3日間寝ないで〝値書き〟という商品リストをつくったり、リースや返却に駆けずり回っていましたから」

派遣社員をしつつ服代は月20万円

そんな思いをしても、「服が好きだ」という気持ちは消えなかった。

「スタイリストになるのは無理だと実家で泣いているときも、定期券を買って新宿のデパートに通っていました。毎シーズン変わる服、新しい素材、服に込められた歴史や哲学、ボタンの1個、プリーツのひとつにまで意味がある。それを人間が着ることで初めて意味が生まれる。とにかく私は服が大好きなんです」

しかし、アシスタントを辞めることは、スタイリストの業界からの永久追放を意味している。アパレル関連で販売員として働くには体力も気力もない。結局、派遣社員をしながら35歳まで過ごした。

「実家に住んでいるので家賃も生活費もかかりません。アシスタントを辞めたのが21歳の頃ですから、そこから14年間、毎月25万程度の給料のうち20万円を服に費やしていました」

その額は、単純計算して３３６０万円だ。借金は一切していない。

「アクセサリーや時計、バッグは１００万円近くするモノもありますから、お金はいくらあっても足りませんよ。結婚するまで、家には３００枚以上の服と、50足以上の靴とバッグがありました」

●「結婚できる」コーディネート

20代の頃は、服をたくさん持っている明子さんのところに、友達が「服を貸してほしい」「デートの前にコーディネートしてほしい」とやって来たという。

「最も多かったのが、『結婚できるコーディネートを考えてほしい』というオーダーでした。私も友達に幸せになってほしいので、その子に似合う服を考えて貸すようになったのです。御礼として、お菓子などを受け取っているうちに、『これがお金になればいいのにな』と思った。そのとき『パーソナルスタイリスト』という職業があることを知りました」

パーソナルスタイリストとは、個人向けにスタイリングを提供するスタイリストのこと。メディアの世界で活躍するスタイリストと最も大きく異なることは、ブランドからのリースをしないこと。

「信頼を積み上げなくてもいいので、すぐに開業できるんです。私はインスタに『婚活コーデ』みたいな内容をアップして、『依頼はDMで』と書き、それを地道にアップし続けたら、10日目くらいから依頼がチラホラと来るようになりました」

そこからは、口コミで「あっという間にすべての週末と平日の夜が、副業で埋まった」とのことだ。

●「服が持つ力」を広めたい

明子さんが開業した頃は、パーソナルスタイリストが「何となく認知されている」という状況だった。ただ、経営者の男性やハイキャリアの女性たちが人前に出る際の、服のスタイリングをすることがメインだった。

「カウンセリング、買い物同行、スタイリング指導が主な仕事で、1時間1万円がギャラの目安でしたね。さらに、買い物に同行したら、買い物額の10％を受け取るという人もいたんですよ。私は服が持つ力を適正価格で広めたいと思いました」

服は「TPPO」(Time・いつ／Place・どこで／Person・誰と／Occasion・何をするか）によって無数にバリエーションがある。

選ぶ服がいつも一緒でスタイルがマンネリになっている人向けのアドバイスも考えたが、そういう人は美意識が固定されている。

以前、友達の買い物のアドバイスをしたときに、「あんたが似合うって言った服、全く着ないまま捨てたよ」と言われた経験もある。

ファッションセンスに自信がないという人も同様だ。服はさまざまなパターンを試すから似合う服がわかる。センスに自信がないというのは「変える気持ちがない」ということでもある。

そこで、明子さんは婚活に特化する。料金は1時間5000円。そこで、依頼人が最も似合う服を1コーディネートつくるだけにした。

「服が好きで、毎日のように百貨店に行き、駅ビルや古着屋まで見ています。しかも、派遣社員で働いているから、〝フツーの人〟の金銭感覚とファッションの感覚がわかるんですよね。スタイリストの批判をするわけではありませんが、雑誌に掲載されているのは、夢のような世界。現実世界であんな服着ていたら浮いてしまう。女性誌を見ていると、トレンチコートにサングラスをかけてハイヒールを履く颯爽としたモデルが出てきますが、あの服を、普通の人が着ていたらギャグですよ」

そもそも普通の人はモデルのようにスタイルがよくない。服の沼にはまると、身長が高い人にはこういうワンピース、マニッシュな人にはパンツスーツなんだけれど優しい感じの服など、いろんなことがわかってくる。

夫はお客様

そうして、「人を幸せにする婚活スタイリスト」を1年間続けていたら、自分が結婚することになった。

夫はシステム関係の会社の経営者だった。婚活服をアドバイスした客から「この人もカッコよくしてあげてください」と紹介されたのだという。

「彼は服に敬意を持って扱うところがいいと思いました。服を見かけるとすぐにベタベタと触り、興味もないくせに布をこすり合わせたりする人がいるんですが、私はあれが大嫌い。彼はそういうことをしないのがいいなって」

明子さんは結婚後も、パーソナルスタイリストとして活動を続けている。

「服は深いです。夫のスタイリングをするようになり、スーツの歴史を調べたら16世紀の英国の乗馬スタイルまでさかのぼる。スーツが異常にカッコいい映画も見まくりました。例えば『007』シリーズや『グレートギャッツビー』や『裏切りのサーカス』など。服は深いですよ。私は死ぬまで、服沼にはまり続けます」

ゼロからイチをつくる新しいビジネスを立ち上げることを「ゼロイチ」という。明子さんは服の沼にはまったことで、新しい価値や概念をつくり、提供した。料金体系を整え信頼を積み重ねているのだ。

「夫からはメソッド化して、広めればと言われるのですが、この仕事は服沼にはまらないとできないんです。普通の人は服ってよほどのことがないと変えない。だから、スタイリストの『好き』とか『あなたは絶対にこれが似合う』という信念のようなものが必要になる。それって裾野が広がるものでもないんですよね。これからもこぢんまりと依頼を受け続けていこうと思っています」

男性探索沼

マッチングアプリを通じてはまったのは、男という不思議な生き物

31歳のバージン

前述の「マッチングアプリ沼」（P94）とは少々異なり、「マッチングアプリを活用することで思い通りの人生を手に入れた」という沙也さん（36歳）に話を聞いた。

沙也さんは大学を卒業後、地方公務員として勤務していた5年前にマッチングアプリにはまった。そのとき、彼女に男性経験はなかった。

「31歳でバージンは恥ずかしいと思っていたんです。地方都市に住んでいたので、出会える人は限られている。同級生でもいい人はみんな結婚してしまっているし、男性経験もないまま、この田舎町で毎日つまらない仕事をして、老いていくのは嫌だと思って、恥を忍んでマッチングアプリに登録しました」

周囲の人にアプリをやっていることは絶対にバレたくなかった。だから位置情報がベースのものではなく、相手を条件で検索できるアプリにした。居住地も地元ではなく東京に設定。そのほうが出会いの範囲が広がると思ったからだという。

「私は親が厳しくて、『女の子なんだから地元にいなさい』と言われていました。そして『あなたは美人じゃないのだから、公務員になって1人でも生きて行けるようにしなさい』って。私自身、そのほうが楽だと思っていたし、不満にも思っていなかったんです。地方都市において、学校の先生や公務員はエリート中のエリートですから。銀行だっていくらでもお金を貸してくれますしね。公務員としての就職が決まったときは、親戚からも『沙也ちゃん、でかしたね！』ってお祝いをしてもらえました」

●おしゃれ、恋愛は二の次の日々

地元の国立大学を出てから、地方公務員になり役場に勤務。人口5万人の市は人員が少ないのにタスクが多く、多忙な日々だったという。

「地方公務員の人事ってルッキズムがエグいんです。華やかでかわいい子やイケメンは広報広聴課や観光課に配属されて、私みたいに地味で冴えない人材は、生活環境課ですからね。実際にする仕事は、ゴミの収集委託、ゴミ出しカレンダーの作成、火葬場の運営など。あとは苦情を毎日聞いていました。空き家、ゴミ屋敷、工場排水、野良猫の繁殖など、毎日苦情漬けですよ」

話が一向に終わらない人の苦情も聞き続け、1日が終わると、ドッと疲れが出る。帰宅すると倒れるように眠っていた。

「当然、恋愛する暇もない。おしゃれをする気力もありませんでした。一度、高校の同級生が結婚式の二次会に呼んでくれたのですが、私は大卒の公務員でしょ。男性より社会的地位が上だから女として避けられてしまった」

それだからこそ、性的な妄想は肥大した。女性のためのセルフプレジャーグッズ(自慰グッズ)を購入。その強い快楽にはまってしまい、職場のトイレでその道具を使ったこともあったという。

「ストレス発散みたいな感じです。男性が『1発抜いてスッキリさせて仕事をするか』みたいなことを言うじゃないですか。あの感じと似ています」

「許容されるウソ」で自分をつくる

悶々と過ごすうちに、歳月は経過。処女のまま30歳を過ぎてしまった。

「そこでマッチングアプリですよ。現実的な人間関係とは遠いところで恋愛でき、許容されているウソの範囲内で、自分をつくることができる」

沙也さんが考える「許容されるウソ」とは、居住地や趣味、年収、考え方など「これから変えられること」。「許容されないウソ」とは、学歴、職歴、性別、結婚歴など「変えられないこと」だという。

「私は『東京在住の会社員』という肩書で、マッチングアプリに登録しました。自分の顔写真を登録して、詳細なプロフィールを登録していくうちに、あたかも自分が東京に住んでいる会社員のような気持ちになってくるんです。男性とは週末に上京してデートを重ねていました。始発で東京に行くと、到着は8時30分。9時から1時間半刻みで1日6人とデートしたこともあります」

それだけの男性と会っていると、それなりに見る目も養われる。

「数をこなすことは、恋愛においても大切だと思いました。それまで、男の人とはほとんど会話らしい会話をしたことがなかったので、男性は一方的に女性を品評する怖い存在だと思っていたんです。でも1対1で会うと、優しい人が多い。地元で男性と会うと、『俺、あいつの友達だから』って話になるのですが、東京で会う男性は、そういう背景が一切ない。それがいいと思いました」

最初の日に、ホテルへ

それは、沙也さんがどのような言動をしたか、漏れる心配がないということだから。地元なら「あいつとヤッた」「あいつはあんな会話をしていた」「ベッドがイマイチ」などあることないことが一気に知れ渡るという。

「最初に東京に行った日、その日の最後に会った人が超イケメンだったんです。聞けば、何十年も前に子供向けの戦隊もの番組に、ヒーローとして出演してたとか。グーグルで検索すると、確かにその人がいる。目の前の男性は髪が薄く、しわも深くなっているけれど、『確かにこの人だ』と。そして私はそんなテレビに出ている人と、もう二度と会えないと思って、ホテルに行きたいと誘ってしまったんです」

男性は戸惑いながらもＯＫをしてくれた。しかし、ホテル代はないという。だから沙也さんが支払うことにした。

「経験があるからセックスもすごく上手だと感じました。何をされても腕の内側がゾワゾワして、背中がびりびりするくらい気持ちよかった」

１回、男性と行為をしてしまうと、それまでまとっていた堅苦しい雰囲気が柔らかくなり、積極的に行動ができる。そして、多くの男性とデートを繰り返すようになる。

目標は、1カ月20人

「１カ月20人を目標にデートをしていました。もともと、目標を設定して、そこに向かって動くことが大好きなのです。平日の昼間は人の苦情を聞いて、夜からはマッチングアプリでの婚活に励みました。土曜日の昼から日曜日の夕方にかけて、５〜６人の男性とスケジュールを組むんです」

アスリートが筋トレのプログラムを組むように、さまざまなタイプの男性とデートを重ねた。

「数をこなすと見えてくるものがあるんですよね。マッチングアプリをやっていて思ったのはこの世の中には本当に男性がたくさんいること。田舎にいたら、結婚している男性なんてほんの数人しか目に入りませんが、東京は山のようにいる。職業も多種多様で、俳優、弁護士、医師、消防士、警察官、会社員、音楽ディレクター、経営者など様々。東大の大学院生の男性にも会いました」

現実世界では、「ブス」とか「沙也はちょっと顔がムリ」などと言われるけれど、アプリの男性は直接暴言を吐くことがない。

「男性が優しいとわかったのも、このときが初めてでした。イケメンは比較的、横柄ですが、そうでもない人は紳士的に接してくれます。でも、いずれも人の話を聞かなかったり、すぐに性行為に持ち込もうとする人が多かったのは困惑しましたね」

「困惑した」とは言っても、求められるまま何度も性交に及んだという。それは「求められると嬉しくなってしまうから」。

「長年、そういうことがなかったから仕方ないですよね。『この人は絶対に無理』と思う不潔な人以外とはしていました。見るのは歯と爪と鼻の毛穴と鼻毛。この4点がキレイな人は、体全体も清潔にしている。だから、まあいいかと」

その結果、半年で沙也さんの男性経験は20人以上になる。

●「してみないとわからない」、男という沼

さまざまな男性と会い、会話を交わし、ホテルへも行く。そこで見せる性癖も、人それぞれだった。変わったところでは下着のニオイを嗅ぐ人、髪の毛と眉毛、まつげ以外の体毛をすべて剃っている人、耳を見たり舐めたりする人など。ホテルに入るなり、何も言わずに服を脱ぎ始める人もいたという。

「女性向けポルノでの、ロマンティックな行為しか知らなかったので、いきなり叫び出したり、腰をドコドコ振り出したりする人には驚きました。行為の最中に滝のように汗を出し、シーツが水びたしになった人もいました」

男性の場合、女性とマッチするのに苦労するようだが、女性はそれほど苦労しない。それどころか、いくらでも選び放題で、女としての自信がついたという。

「見た目もかわいくなったと思いますし、男性にも寛容になった。それに、本当に『してみないとわからない』ということを学べた。はまったのはマッチングアプリではな

くて、男という不思議な生き物の沼でした」

一期一会を大切にしたいし、自分がいいと思う相手から「また会いたい」と言われたい。そのために、性の技巧のテクニックも学んだという。

「ポリネシアンセックスの本を読んだり、男性のどこがどう感じるかの解説書を読んで実践したり、いろんなことをしました。対象はいくらでも湧いてきますからね。ただ、あるとき、そんな生活に疲れてしまったんです」

やっとなれた「理想の自分」

マッチングアプリ活動を休んでいるとき、最初の日に知り合った俳優から「また会いたい」と連絡が来た。

東京に会いに行くと、「家に来てほしい」と言う。練馬のはずれにあるそのアパートは足の踏み場もないほどに汚く、風呂はカビだらけだった。

「それでもせっかくだからと湿った布団でしたのですが、不思議な感じがしました。

ことが終わると彼はすぐ寝てしまったので、私は口直しに東大の大学院生を呼び出してホテルに行ったんです。東京を庭のように歩き回り、モテる女性のように男性をとっかえひっかえしている。それでいて、私は地元に生活基盤と仕事がある。このとき私は理想の自分になっているのではないかと心から思いました」

その結果、自己肯定感が上がり、マッチングアプリをすっぱりと止めた。そして、それから半年後、10歳年上の高校時代の恩師と結婚した。

「それまでの自分は、男性をおだてて持ち上げ、一方で、自分を一段下げてコミュニケーションしていたんです。ウチの地元は男尊女卑ですから。それだと男性も居心地がよくなかったんでしょうね。マッチングアプリで男性と会うようになって、男性とフラットに対等に話せるようになりました。『この人もどうせ、変な性癖を持っており、私と同じように自信がないんだ』と思えば何も怖くない。先生とはショッピングモールで再会し、『奥さん元気ですか？』と聞いたら、『離婚した』という。そして気軽にLINEをしてやり取りするうちに、向こうから告白されたんです」

沼にはまることで人生経験も蓄積できた。

「その結果、田舎では最高にステイタスが高い公務員夫婦になりました。先生のところには前妻との間に子供がいるので、子づくりプレッシャーもなく、理想の人生です」

人妻になるとモテるというが、職場からも「色っぽくなった」と人気だという。マッチングアプリで知り合った男性と交換したＬＩＮＥは消していない。再び独身になったときのために、取っておくのだという。

不妊治療沼
やめどきがわからない、夫婦の絆が試される沼

30歳で結婚、子づくりも計画

はまった沼から脱出して、イノベーションを起こす人もいる。


聡子さん（53歳）は、35歳から40歳までの5年間、不妊治療をしていた。

「夫は勤務していた通信関連会社の同期でした。25歳から交際をスタートし、30歳のときに結婚。当時は寿退社をする人も多かったけれど、私は仕事が好きだったんです。

研究職だったのでやり甲斐もありましたし、海外との仕事も多く、『ダンナより嫁のほうが仕事がデキる』などと言われていましたから」

夫に土下座して頼み込み、一緒に産婦人科へ

1年くらい夫婦の時間を楽しんでから、子供をつくろうと思っていた。

しかし、結婚してから夫婦で海外旅行やグルメを満喫し、いざ子供をつくろうと思ったところ、一向にできなかった。

「排卵日の周辺に早く帰宅して、子づくりをしても、翌月に生理が来てしまう。1年くらい経過して、夫が射精した後に足を上げ、膣内から精子を出さないようにしていても、一向に妊娠しない。『いずれできるでしょう』と思っていたら、あっという間に5年が経過。当時は『子供が授からない＝女性が悪い』というのが常識でした。夫から『聡子が悪いんじゃない？　病院に行ってよ』と言われて、産婦人科の診察を受けたのですが、私には問題がなかった」

それから半年経っても子供は授からない。それでも「恥ずかしいから嫌だよ。俺は問題ないって」とダダをこねる夫に、土下座して不妊外来に連れて行った。

夫は連れて行かれる最中も文句を言い続け、「俺は絶対に問題がないって。もし何か言われたら、聡子は俺に30万円払えよ」とまで言ってきたという。

夫は黒いカーテンに閉ざされたブースの中で、用意されているエロ本を見ながら射精する。

「私は研究者の好奇心で、ブースの中はどのようになっているのかと思って、中を見たんです。ブースは意外なほど清潔で、ソファの座り心地がよかった。当時はビデオだったのでテレビデオにイヤホンがささっていて、寒々しい感じがしました。本棚を見ると、ＶＨＳのビデオがありました。エロ本のラインナップを見ると、ＯＬや女子大生などのほかに、ロリータ系の雑誌や、同性愛者向けの雑誌もあって、世の中にはいろんな夫婦がいるんだと感じました」

夫の検査結果はすぐに出た。精子の数が少なく、元気がなかった。男性不妊だった。

「夫の両親からは、『仕事をしているから不妊なのではないか』とか、『女性らしい魅力が足りないのではないか』などと非難されていました。義母からは『孫を産まないなら、離婚しなさい』とも言われていたんです。そこから本格的に不妊治療を始めました」

●仕事を辞め、不妊治療に専念

当時は、不妊治療をしているクリニックは少なく、社会の理解も少ない。

「経験者もいないから、暗闇の中を手探りで歩いているような状況でした。ネットもなかったので情報収集の仕様がないのです。でも、この頃は『不妊治療を行えば、必ず妊娠できる』と思っていました」

しかし、実際はそうではないことに気づくようになる。

夫の精子は活動量が少なく、体外受精を行うしかない。

「こうなると私が仕事を辞めるしかない。医師の診察が優先だし、精密検査もありますから、仕事をしながらできるほど簡単なものじゃないんです。このとき、私は不妊治療の沼にはまった。『夫がダメなことを証明するためにも、私が妊娠するしかない』と思ったのです」

妊娠は神の領域だ。受精しても子宮内に着床しなければ、胎児として育たない。流産のリスクもある。どんなに努力しても、それが叶うとは限らない。猛烈な焦燥感に駆られても、体外受精をしなければ、子供は授からない。やみくもに夫婦関係を持ってもそれは単なるコミュニケーションや娯楽の一環に過ぎない。

「男性不妊が判明してから、夫とは夫婦関係を持ちませんでした。体外受精にセックスは不要ですから」

名医がいると聞きつけては、東北や北海道まで夫婦で飛んだ。

「夫はただ射精するだけですが、お腹に注射をするなど、痛い思いをするのは私。当時の治療はとにかく痛かった。あの治療中に襲い掛かる、『もしかしたら、妊娠するかもしれない。でも、またダメかもしれない。あ、そんなことを考えたら、母親失格で赤ちゃんは来てくれない』と思う感情は、夫側には絶対に理解できない」

そして、40歳までの5年間で、人工受精4回、体外受精を4回もしたがすべて失敗に終わった。不妊治療に使ったお金も膨れ上がった。当時は助成金などもないので、交通費も含めると1000万円以上にもなった。

夫の浮気

「不妊治療とか司法試験とかって、コストと時間をかけているからやめられないんですよ。特に不妊治療の場合は、投資額が大きすぎるし、不妊治療をやめれば『子供がいない人生』が確定してしまいますから。私のときって不妊治療の新薬や手法が続々と登場している頃だったんです。『あと半年頑張れば、新しい方法が確立するかも』などと思いながら毎日を過ごしました」

当時、有名作家が44歳で妊娠した、人気歌手は46歳で妊娠したなど体験談を心の支えに頑張っていた。

「そうこうするうちに、夫が浮気したんです。相手は32歳の部下。夫は絶対に子供ができないのでいいのですが、私は仕事を辞めて、手足を捥《も》がれ、苦しい思いをしている。許せませんでした」

それを機に、不妊治療をやめて、夫と離婚することにした。

夫は毎日暗い顔をしている聡子さんと、聡子さんへの罪悪感から逃れるように部下と浮気をしたという。

それを責めると、「俺さ、子供って金がかかるって聞いたんだよ。同期の壮絶な教育費の話を聞くうちに、今のままでもいいかなって思って。聡子が治療をやめるのは正解だよ」と。

「もう、これはダメだと思いました。この男と結婚しなければ、私は母になる人生が選べた。それなのに、夫は堂々と浮気をしていた。探偵に証拠を押さえてもらい、弁護士を立てて夫から1000万円、相手の女から200万円の慰謝料を請求しました。財産分与分は全額もらい、2000万円近いお金が入ってきたのです」

●子供たちのために何かをしたい

その後、聡子さんは別の会社に就職する。それから10年ほど経過し、世の中で立て続けに幼児虐待事件が起こった。それに心を痛めた聡子さんは「困難な状況の子供たちに何かできないか」と活動を開始する。

「それが、こども食堂です。有志で立ち上げて、食事をとれない子供たちに向けて、毎週末開催することにしたのです。ただ、いきなり開いても来てくれない。オープンしたのに、立ち消えになってしまいました。そこで、もっと何かできないかと思い、惣菜のお店を始めました。いい食材を使い、リーズナブルな価格で供給するのです。でも本当に助けたい貧困層の子供には届けられてはいませんが」

子供が欲しいのに授からないという不妊治療の沼にはまって、自分の子供だけではない、この世にいる子供たちすべての幸福を考える人生が始まった。

「教育格差、国語力の低下、虐待予防など、さまざまな活動があります。私は食べることをベースに活動を広げていきたい。これは、恵まれない子供たちのためでもありますが、私のためでもあります。生き甲斐を持ちたいんです」

聡子さんは、「この活動はゼロからイチをつくるのではなく、イチを９まで育てていくことが大切だ」と語る。

「人の善意で運営していて、気まぐれに活動していたこども食堂の失敗を踏まえ、ニーズをつくることが大切だと痛感しました。今、私の活動の評価は15点くらいですが、これを30点、50点、70点と上げていきたい。それが生まれなかった私の子供への供養だと思うんです」

切り拓けなかった人たち

ここまで紹介してきた数々の成功例の裏で、そこまで切り拓けなかった人たちもいる。

28歳の会社員の女性は、スパイス料理にはまった。日本では「カレー」とまとめられるスパイス料理を研究し、休日は間借りした店舗でカレーを販売していたら行列ができ、気が付けば店を構えていたという。

「ただ、飲食店経験がないのは大誤算でした。飲食店はお酒を売らない限り、利益は限りなく薄い。コロナの影響もあり、借金を抱えて店を閉めました」

マニアックなスパイス料理や発酵料理は、局地的なブームが起こる。そのクセのある蠱惑《こわく》的な味わいにのめり込むと沼のようにはまっていく。

しかし、ブームは続くわけではない。また、飲食店は毎日、開店していることに意義がある。「食で人を幸せにしたい」という沼にはまったからといって、開店すると痛い目を見る世界とも言える。

36歳の飲食関連会社の社員の男性は、5年前にクラフトビールにはまった。米国を旅行した際、各街にはビールの醸造所があり、それが街の個性になっていることを知ったからだ。

当時はインバウンドがニュースになり、観光立国などと言われていた。ビールがその目玉になると確信し、プレゼン資料やマーケティングデータを揃えて、「今こそ、クラフトビール施設を店内に作るべきだ」と、自社が運営する店舗に醸造装置をつくった。しかし、コロナ禍以前に、外国人もメジャーな生ビールしか注文しなかった。その装置はオブジェと化しているという。

「まずは、デザインなど、見せ方が大切だった。ビールもつくり続けないと、腕がなまる。機械と人間が一体化しないと、おいしいビールはつくれない」

沼にはまると、強烈なエネルギーを発するのが人間だ。人はつい巻き込まれてしまうのだ。

自らサウナ施設をつくるも、客は身内のみで終わったという人もいる。40歳の会社員男性は、祖父の家の納屋をＤＩＹして、サウナをつくった。

「サウナって意外と簡単にできるんです。壁に断熱材を入れて、サウナストーブ側には不燃材を入れる。更衣室と水風呂をつくりました。電機回りなどはプロに頼んだので、総工費は15万円くらいだったと思います」

都心から近く、サウナ好きの自分のこだわりも盛り込んだ。ＳＮＳで集客するも、ただの小屋を改造しただけのサウナだ。見ただけで帰ってしまった人もいるという。

「また、薪のサウナって温度の上昇に時間がかかるし、手間がかかる。今は再び物置になっています」

人は飽きっぽい。沼はいつか枯渇する日も来る。そこを見落として情熱のまま進むと、苦い思い出として終わるのだ。

第5章

女と男がはまる沼

時代はダイバーシティだと言われているが、男女の肉体的・心理的な差は歴然とある。例外はあるが、女は承認と受容を求め、男は連帯と賞賛を求めるとも言える。原始時代の社会は、女性はより優秀な種を持つ男性から承認されてその種を受容し、子を産み育ててきた。男性は狩りのために連帯し獲物をしとめることを賞賛されてきた。

肉体的な差もあり、肉体が大きく筋力が強い男は、女を支配してきた。現代の先進国はその差を埋めるために社会施策や意識改革を行ってきた。

男女平等の国をランキング形式で紹介した調査データが世界経済フォーラムの「ジェンダー・ギャップ指数２０２２」だ。トップからアイスランド、フィンランド、ノルウェーと続き、欧米諸国が並んでいる。

日本はといえば、１５６か国中１１６位。先進国の中で最低レベル、アジア諸国の中で韓国や中国、ＡＳＥＡＮ諸国より低い結果だった。

沼は本能や社会構造も関わって来る。本章ではこれまでとは異なり、男女差を軸に、実例を交えて沼の男女差を解説していく。

簡単にはまる「ママ友沼」

子を持つ女性の身近な沼は「ママ友沼」だ。

子育ては孤立しがちだ。育児は子供と2人で密室にこもるように行われる。真面目な人、正解を求める人にとっては、育児は拷問のように苦しいものになる。育児には正解がないのに、「子供のために母乳をあげるべき」「アレルギー予防のために掃除すべき」など、外野の声がうるさい。

加えて一部の例外を除いて、父親になっても男は子育てに対し、他人事だ。母親が子供の一日の変化を伝えたとき、父親は「そうなんだ」と言えばいいのに、それにかぶせるように「会社は大変だった」とか「それは発育がおかしいのではないか」「俺の母に聞いてみて」などと見当違いの発言を繰り返す。

そんなときに、子供を通じてつながったママ友に「それは大変だったね」「わかるよ」などと言われると、「この人だけがわかってくれる」と関係性にはまってしまう。

コミュニケーションに飢えていたところ、ひもじさを解き放たれるのだから、相手に簡単に依存してしまうのだ。

●ママ友が誘った「仮想通貨投資」

人間関係にはおのずと序列ができる。人心掌握に長けた人が、ママ友ネットワークを操り、宗教の勧誘、ネットビジネスの展開、投資などの胴元になっている例をいくつも見てきた。

その中で最も印象に残っているのは、2019年に都内の高級住宅街に住む44歳の女性から、「幼稚園のママ友・A子に誘われて、300万円も仮想通貨に投資してしまったの。『絶対に破綻しない』と言われていたのに、連絡が取れなくなった」という相談を受けたことだ。

A子は、42歳のシングルマザーでタワマンに住んでおり、羽振りがいい生活をしている。息子は中学生と幼稚園児がおりそれぞれ父親が違う。A子はシャネルやエルメスのアイテムを多数持っていて、車はベンツを乗り回している。海外の王族や著名な科学者とのツーショット写真がたくさんあり、「私はあなたと違うのよ」という雰囲気を漂わせていた。専業主婦で自信がなかった女性は「A子みたいになりたい」と思ったという。

「いいな、うらやましいな」とA子に伝えたら、「あなたもなれるわよ」とタワマンのセミナールームで開かれている投資セミナーに呼ばれる。

「そこには誰もが知っているブランドに身を包む10人くらいの講師がいました。そして無料セミナーなのに高級シャンパンのドン・ペリニヨンがふるまわれたんです。セミナーには知っているママの顔もありました」

講師として登壇したのは、スタイリッシュなスーツを着ている30代後半男性で、腕には高級時計が光っていた。

「スライドで投資の利点を説明されました。その男性は、投資で得たお金で都心のタワマンを購入し、家賃収入で日本での生活を悠々自適に過ごしている。そのほか、仮想通貨は湯水のように湧いてくるので、ドバイにも家を構え、クルーザーを所有し、子供たちはスイスの寄宿学校に入れて、世界の王族やセレブ達と机を並べて勉強していると写真付きのスライドで説明してくれたのです」

その妻は和装の息をのむような美人で、「この投資をすれば、この人みたいな人生になるんだ」と感じた。そして、女性は「ぜひ、申し込みます」と言い、最小投資額の20万円から始めようとした。

「すると、A子が『20万円ではあまり利益が出ないよ。１００万円くらいから始めるといいよ』と言ってきたんです。周囲の講師陣も期待たっぷりな目で見つめてきて、『絶対に成功者になりましょう！』『一緒にヨーロッパに行きたいな』などと言うんです。久しぶりのシャンパンの酔いも手伝って、100万円にしました」

そのとき、講師たちの間から大歓声が起こったという。

その日のうちに契約書を書き、翌日には100万円を現金でA子のところに持って行った。投資運営サイトのIDとパスワード、そして堀江貴文氏の著書『これからを稼ごう：仮想通貨と未来のお金の話』が渡された。

「ホリエモンが仮想通貨は来ると言っているのだから、絶対に儲かると確信しました」

これから富豪になれるとほくほくしていた帰り道、セミナーにいた別のママ友とバッタリ会う。その人は「あなた思い切ったわね。A子さんっておもしろい人だと思って行ったけれど、あれは明らかに詐欺じゃない？　あのシャンパンだって、中身の味は安物だったよ。ほどほどにしといたほうがいいよ」と言った。

「私に警告をしてきた人は、自分で会社を経営している人で、私のような専業主婦を見下しているようなところがあったんです。だから投資で金持ちになって、見返してやろうと思いました」

●沼にはまらせる「装置」

この女性は講師陣のＬＩＮＥグループに入り、その後の投資の状況を追う。仮想通貨は順調に増えていたが、その1年後、海外にある運営元が破綻した。すでに400万円を投資していたときだった。

「A子はコロナを理由に会いたがらず、そのうちに引っ越してしまったんです。警察に相談に行ったのですが、私のIDとパスワードは使えなくなっており、お金も現金で渡したので『何らかの履歴がないとどうにもならない』と言われました。講師陣とのＬＩＮＥグループからもメンバーがいなくなってしまって、誰とも連絡がつかなくなりました」

何も告げずに引っ越してしまったA子に連絡を取ろうと、A子の長男が通う名門大学付属の中学校に連絡しても「プライバシー上、その名前の生徒が在籍しているかどうかは教えられない」と言われたという。

この女性の相談を受け、沼にはまるには「対象」（カリスマ性がある人、教祖・教義、品性など）が放つ、強烈な光が必要なのだと感じた。この場合は、圧倒的な富とそれがもたらす自由。そして容姿端麗でファッショナブルな同世代の男女の姿だ。

ただ、その1回だけでは沼にはまり続けることは難しい。相手を沼にはまらせ続けるには、継続的に対象に接触する「装置」（この場合はＬＩＮＥグループでのコミュニケーション）と、「他者からの賞賛」が必要なのだ。それがあるからこそ、この女性は虎の子の４００万円を吐き出してしまったのだ。

「お金はもう戻らない。あきらめるしかないのだけれど、お金よりもA子に利用されていたことが悲しい。私に話しかけてきてくれて、初めてできたママ友だったのに」

なぜA子のことを友達と思ったのかと聞くと、「いろんなことを教えてくれるから」と言う。聞くとこの女性は、A子から「体にいいから」と水素水の発生装置や、果物や野菜の農薬を落とす洗剤などを総額30万円程度で買っていた。

男のキャバクラ

２０２２年７月に「男同士で行ったキャバクラにはまって何もかも失った」という40歳の男性に話を聞いた。

彼は名門中高一貫校を卒業し、有名私立大学に入学。卒業後は大手人材派遣会社に就職して、営業マンとしてトップの売り上げを誇り、20代で年収は１０００万円を突破していた。

27歳のときに同じ年の客室乗務員の女性と結婚。30歳で第一子が、33歳で第二子が誕生した。

第二子が誕生したとき、彼は莫大な教育費がかかる事実に直面する。

「会社員をしていたら、億単位の売り上げを上げ続け、どれだけ頑張っても、数千万円しか年収がない。つまり搾取されて終わってしまう」と気付いた。

そして、その剛腕と人脈を武器に、30代前半で人材派遣会社を立ち上げる。彼にはこれまでの人生で、点数を取り、評価を得て、勝ち続けてきた実績と自信がある。

会社を立ち上げたら、より多くの利益を得なくてはならない。そのためには、契約を取りたい企業の社長の自宅に押しかけたり、その家族に誕生日プレゼントを送ったり、育児や介護の手伝いをすることを戦略的に行っていた。

家庭に深く入り込むような営業は、ほかの人が行わないだけに、相手の心をつかむ。当たり前のように仕事はうまくいった。

「初年度から売り上げが５億円以上になりました。社員も増え、利益も１億円近く残り、税理士からは『こんな会社、見たことがありません』とまで言われたのです」

起業して3年が経過した36歳のとき、歌舞伎町のキャバクラに足を踏み入れた。クライアントの社長がキャバクラ好きだと聞き、接待として同行したのだ。

「それまで、接待でキャバクラは行ったことがなかったんです。夜の仕事の女性のことをバカにしていましたし、美容整形を繰り返した若いだけの女性がいるというイメージもありました。会社員時代に渋谷や六本木のキャバクラに行ったのですが、芋臭い大学生のガキがひたすら媚を売っていて、興ざめしたことも覚えていましたから」

しかし、歌舞伎町のキャバクラは、レベルが違った。カリスマ性があり、世の中の裏も表も知り尽くした極上の美女たちが揃っている。インテリアも趣向と贅をこらしており、キャバ嬢も会話が上手で、時間が経つのを忘れた。

「翌日、複数のキャバ嬢からLINEが来ました。『さみしいな。また来てほしいな』というような内容です。自分のような普通の男が、20代の極上の美女からそんなこと言われることはない。翌週が、その子の誕生日だというので、行くことにしました」

ホストクラブは女性に対して1対1でコミットするような「疑似恋愛」を提供するが、キャバクラは「疑似モテ体験」を提供する。それが沼の入口なのだ。

「金があるので、シャンパンが50万円と言われても、『いいよ』と抜いてしまうんです。

その子がすごく喜んでくれる。そして、要求がどんどんエスカレートしていくのも気にしなくなります。高いシャンパンを抜けば抜くほど、他人を出し抜けますしね」

そのキャバ嬢に３００万円ほど支払ったところで、ホテルに行くことができた。

「人生最初の浮気ですが、その頃にははまり切っていました。キャバクラは疑似恋愛を売るところであり、その子も太客（お金を払う客）の何人ともしていることがわかったんです。店から近い高級なラブホテルに行き、１時間で行為を終わらせて帰っていきましたから」

冷静になって考えれば、次の客が控えていることはわかる。でも、沼にはまっているとそこまで思いが至らない。「彼女には自分だけだ」と思ってしまうのだ。

男と女に違うところがあるとすれば、体の関係を持ってしまうと、「次に落とす女性」を探したくなるところだろうか。

夜の世界の仲間たち

こうして、夜の街に頻繁に出入りしていると、男女問わず人脈ができる。

「店が終わるまでいると、アフターといって、キャバ嬢と焼肉や寿司を食べに行くこともあるんです。食事の後にサパーという朝まで開店しているバーに行く。そこには、男女問わず夜の世界で仕事をしている人が素で飲んでいる。その仲間に入れたことで、自分のコンプレックスが満たされました」

この男性は高学歴・高収入だ。そして、細身で筋肉質で容姿も整っているほうだ。それなのに、何のコンプレックスがあるのだろうか。

「友達がいないこと。運動がダメなので部活をしてこなかった。基本的に憶病だから、海外旅行などもほぼしたことがありません。冒険できない自分にコンプレックスがありました。仲間とウェイウェイするグルーブ感みたいなことを感じてみたかった」

成育環境を聞くと、男性は東京近郊のベッドタウンで教育熱心な両親のもとに生まれた。父は大手の鉄鋼メーカーに勤務し、役員まで上り詰めた。昭和時代のエリートが、子供に苛烈な教育虐待をしていることは、取材を通じてよく知っていた。なぜなら、いい大学に入って、いい会社に就職することは一生の安泰を意味していたから。我が子に安全な人生を与えたいという愛情が、暴力を伴う指導となって発露される。

この男性の場合、まさに典型的だった。「小学校の頃から、90点を取ると父に殴られるので、100点を取るために必死でした」と、笑いながら語った。

キャバクラで見つけた居場所

多くの男性と話をしてきたが、潜在的に「モテたい」という願望が強い。種の保存的にも「モテる」ことは死活問題だからだろう。

一方、女は不特定多数からモテるよりも、特定の相手と深く愛し合いたいという願望が強い。

この男性は、キャバクラに行ったことで、絶世の美女からちやほやされて、友達のように扱ってもらえるという快楽を知った。

さらに「〇〇くん（ニックネーム）に今日、来てほしいな」などというフレンドリーなＬＩＮＥも新鮮だった。

店に顔を出せば、美女たちにもろ手を挙げて大喜びしてもらえる。笑顔とともに、手を握られたりハグされたり、「大好き」と言われるためなら、１晩で１００万円使うことなど惜しくもない。

キャバクラが提供するのは「モテ」と「承認欲求」だ。顔を出すだけでキャバ嬢をはじめとする夜の街の人々が喜んでくれたり、認めてくれることで、心が満たされていく。

「自宅に帰ると妻から『今、子供が寝ついたばかり。起きるから帰って来るな』と言われ、腹が減ったのでジャーに残ったご飯を食べたら、『明日の朝食分だった』と怒られる。シャワーを浴びれば『うるさい』と言われました。それも当然で、育児が大変なときに仕事ばかりしていたのですから。こっちは子供の教育費のために頑張ろうと思っていたのに伝わらない。自分の会社もオフィスに行くと社員が緊張することがわかる。これまで、全然居場所がなかったんです。だから、キャバに行ったときに感じた〝受け入れられて、認められている感〟はハンパなかった」

加えてシャンパンを開ければ、ほかの客から賞賛される、虚栄心も満たされる。キャバクラに通い始めてから1年が過ぎたころには、複数のキャバクラに通い、おそらく億単位のカネを使った。アルコールを飲みすぎて、判断力もなくなっていたという。

●金の切れ目が縁の切れ目

「自分の会社は自動的にＰＤＣＡサイクルが回って、黙っていても社員が仕事をして、利益を生み出し続けるものだと思っていたんです。でも実際に社員というのは尻を叩かないと仕事はしない。顔を出さないと、手を抜き始める。それに怒って怒鳴りつけたこともありました」

櫛の歯が抜けるように社員が辞めていった。妻とはキャバクラにはまってから半年後に離婚をした。

妻も「金があるうちに」と思ったのだろう。探偵がキャバ嬢とラブホテルに行く証拠を押さえた。これにより、1億円近い養育費と財産分与分を支払うことになった。両親からは激怒され「顔も見たくない」と言われた。

疑似恋愛、疑似友情を金で買っていたのだ。現在、この男性はかつての顧客だった社長に拾われて、そこの会社で働いている。

「この社長は、若い頃に風俗嬢にはまって離婚した経験があるそうです。やはり、店に行くと喜んでくれるから『その顔が見たかった』と。ただ、風俗の場合、密室で行われる。他人からの目線がないから、使う金額にも限度があります。どれだけ高くても1回10万円で終わるじゃないですか。ソープ嬢とデートや旅行をしても、せいぜい20万円くらい」

しかし、キャバの場合は、シャンパンが1本2〜100万円まであり、開栓の本数は天井知らずだ。

この男性のほかにも、キャバクラ沼にはまってしまった人の共通点は、「厳しい親に育てられている」ことだった。常に結果を求められ、親の望み通りに生きてきた「いい子」が金を得て、幻想のモテと恋愛、そして付帯する友情にはまっていくのだ。

沼にはまる男女の共通点

明確にホストクラブは女性をターゲットとしており、キャバクラは男性をターゲットとしている。この2つの例から沼にも男女の違いがあるとわかった。

女性向けの沼は、対象との1対1の愛情をベースにしている。

男性向けの沼は、不特定多数からのモテと、他者から得る賞賛をベースにしている。

ところが、沼にはまった人々の生い立ちを聞いていると、あまりにも共通点が多い。

それは、両親との関係がうまくいっていないことだ。本人はそうは思っていないが、他者からするといびつなのだ。

今の時代における健やかな両親との関係というのは、どんなときも全面的に我が子を受け入れており、我が子の存在を認めており、家庭が安全基地であることだ。

欲を言えば、親が人としての行動規範（労働する、盗まない、肉体的にも精神的にも暴力を振るわないなど）を守っており、我が子に過度な期待をせず（がっかりもせず）、考え方を押し付けることなく、成長とともに距離を置いていくことだろう。だがこれは不安が支配する現代社会において、難しい。

親に認められないという欠落感を抱える人は、沼にはまりやすくなる。

セックス沼にはまった派遣社員の34歳の女性は、両親が不仲で父親が働かなかった。母親はいつもイライラしており、父親が気に入らないことをすると、女性に手を上げたという。

「両親はいつもケンカをしており、抱きしめられた記憶がない。中学校の頃から友達の家に入り浸っていました。朝起きたときに、誰かに隣に寝ていてほしかった。でもそのためにはセックスをしないわけにはいかなかった」

女性向け風俗の沼にはまった法律事務所に勤務する女性（40歳）は、実の父を知らない。幼い頃に両親が離婚したからだ。そして、12歳のときに母が再婚した。そして15歳から3年間、継父より性虐待を受けていたという。

「初体験は14歳のときに部活の先輩と済ませていたので、特に思い入れはありません。大学への進学費用を出してもらっているので、売春婦のようなモノだと思っていました。でも、継父は中年だから臭い。セックスは気持ち悪くて、おぞましいものだった。加えて、痛いしべろべろと舐め回されるし大嫌いだった。家を出てからも、なるべくセックスは避けていたのですが、コロナのときにこのまま死ぬのも嫌だなと、女性向け風俗を頼んだんです。すると、そこそこカッコいい男の子が、私を大切に扱ってくれた」

この女性は、相手を好きになってしまい、ストーカーへと発展。店も出入り禁止になってしまう。

女性向け風俗は、デートから始まる。街で待ち合わせて、男性がリードするようにラブホテルに行く。そして、マッサージや優しいキスから始まり、名前とともに「キレイだよ」「愛しているよ」「かわいいね」などとささやかれるという。その2時間に6~8万円（経費込）を払うのは、高いのだろうか、安いのだろうか。

●両親への愛憎

上場企業に勤務する40歳の男性は、不倫を繰り返している。不倫沼から抜けられないというのだ。彼はパッと見は地味で真面目でいい人に見える。そういう自分を知っており、同窓会や趣味のサークルで知り合った既婚女性と関係を持っている。

「1人の女性と長く付き合うと浮気になってしまう。でも、僕の場合は、1～2回なので、それは浮気ではない」

性欲が溜まると、手近な女性に声をかける。女性として見れば、結婚していて風采がよく、金も持っていてセンスがいい男性からデートに誘われれば嬉しいだろう。

「ぶっちゃけ、複数の女性としたい。たくさんの女性としている方が、男としてイケてると思う。達成感は山登りに近いかもしれない」

彼は男尊女卑家庭で育った。父親の言いなりになっていた母は、父が彼を殴っても止めてはくれなかった。彼の父もまた、社会的地位が高い。そんな父に尊敬の念を抱いていた。しかし、母親のことは見下していた。おそらく父がそうしているからだろう。加えて、母親は彼をかばってくれなかった。そのことに対しての愛憎が拮抗しているようにも感じた。

結婚して10年間、不倫した女性は100人を超えるという。

「僕が相手をしているのは、人妻ばかりです。あいつらだって『女として見られたい』と言っているし、僕によって満たされているんですよ」

不倫を通じて、達成感と支配欲求を満たしている。そして既婚女性を乱雑に扱うことで母に復讐をしているような印象もあった。

●性をタブー視する家庭

この男性もそうだが、セックスも含めて、性的な刺激（アダルトコンテンツやオナニー）の沼にはまる人の共通点は、家庭内で性がタブー視されていることが共通点だ。親が潔癖で、性を汚いもの、嫌らしいもの、恥ずかしいもの、気持ち悪いものと扱っているのだ。

子供が性に興味を持ったときに大げさに嘆いたり、落胆したり、激怒されたりした経験がある人は多い。また、学校の先生に「ウチの子がエロ本を見ていました。先生から叱ってください」と親が言いに行ったことがバレて、いじめに遭った人もいた。

そうするうちに、性的な物事に対する過度な嫌悪感が醸成される。しかし、性的な刺激は気持ちがよく、リラックスをもたらすからしてしまう。そこに拮抗する感情を抱いたまま育つと、何らかの沼にはまりやすくなるのではないか。

また、日本は性を極端にタブー視している。学校の保健体育の授業でも、体の仕組み（月経や排卵、射精など）について解説しても、そこに至るまでの心の変化や性行為の手順については誰も語らない。

その結果、自分も相手も傷つく性行為に走ってしまうのではないか。

ネグレクトに自分を重ねて

性と似ているのが、過度な献身だ。

派遣社員として働く43歳の女性は、「自分と同じように困難な環境にある子供を見ると、私がされたように助けたくなる」と語っていた。彼女は両親が水商売の家庭に生まれ、育児放棄（ネグレクト）をされて育つ。

「2010年7月に起こった、大阪2児餓死事件があったじゃないですか。あれは私にとって他人事ではないんです。私も親戚が助けてくれなかったら、そうなっていたかもしれないので」

高校を卒業するまで、親戚や行政の助けを受けていた。社会に出ると、自分だけかと思っていた不幸な子供たちは国内外にたくさんいることを知る。

「かわいそうな子供を見るとほうっておけない。自分と重なってしまうんでしょうね。

電車の中で幼い子供を叱りつけるお母さんを見たときに、その衝撃から過呼吸で倒れたこともありました」

かわいそうな子供に対する共感力の高さは、20代の一時期に最も発露された。当時、男性と同棲しており、相手が家賃を払っていたこともあり、収入の大半を国内外の恵まれない子供に寄付をしていた。

「タイ・チェンマイにあるエイズ孤児たちの生活施設・バーンロムサイやユニセフへの募金をしていたし、途上国の子供の成長を支援するチャイルド・スポンサーシップもしていました」

一時期、寄付額は50万円以上になり、性産業で働いていたこともあった。

「社会貢献沼ってあると思います。環境保護活動とか、野生動物の保護、ペットショップでの命の売買の反対運動、死刑反対運動などをしている人と話していると、あせるような思いになり、寄付したり活動したりしてしまう」

日本に生まれてきただけで、自分は恵まれている。だからこそ、貢献しなくてはならない。

「しかし、35歳のときに夫と知り合い、何もかも受け入れてもらってから、その熱も冷めてきました。目の前にあることを大切にしようと思い、生き方を変えたのです」

終章

沼を追い求めて見えてきたもの

●沼にはまると周りが見えなくなる

これまで500人程度、何らかの沼にはまっている人を取材してきた。全員に共通することは、「沼にはまると周りが見えなくなる」ことだ。

周りが見えなくなると、社会全体の行動規範からズレる。そして、時には悲劇を生み出す。

代表的な例に、特定の宗教を妄信した結果、過度の献金や献身を繰り返してしまい、家族を破滅させることが挙げられる。2022年元首相を殺害した男性の母もそうだった。

耳目を引く例が報道されているが、宗教沼にはまった人を取材していると、その人が言う「普通」の基準に違和感を覚えることが多い。例えば、「(宗教の)集会に行くために、中学生の子供に部活の試合を休ませた」など。その子供がレギュラーのために猛練習をしていたことを知っていたので、「気の毒なことをするな」と感じたことを覚えている。

宗教二世の現在30歳の女性は、「10歳のときに、ゲーム機が欲しくてコツコツと貯めたお小遣いを親に献金させられた。教祖の人がみんなの前で褒めてくれて、親も涙を流していて、私の我慢は正しいのだと思った」と語った。この女性は小・中学校の卒業アルバムに「将来の夢」として、「○○（宗教名）を世界に広げる導師になること」と書いた。それも原因なのか、当時の同級生との交流は一切ないという。

沼には「属性」がある

また、取材を通じて見えてきたことは、沼には属性があることだ。

それは高卒以上の学歴の人が多いことだ。彼らがはまるのは、スポーツ、鉄道、音楽、演劇、恋愛、美容、自然食、ゲーム、筋トレ、神社参り、グルメなど多岐にわたっている。

これらの沼の共通点は、「物事を体系的に考え、属性を分析し、有機的につなげていくこと」ができる。だからこそ沼は広く深くなっていく。

調査し実行する、仮説を立てて検証する、記録して分析する……これらは思考し体系化する訓練を積まないとなかなかできない。

グルメを例に取ってみよう。思考し体系化する訓練をしていないと、単に「これおいしい」「これかわいい」で終わってしまう。沼として深めていくには、それなりの素養が必要だ。

例えば、会社員の50歳の男性（大学院卒）は、15年前から全国の旨いと言われる寿司店を巡っていた。

「寿司も鉄道も好きなので、〝寿司ツーリズム〟のような感覚で巡るようになったんです。最初に行ったのは、千葉のデカネタで知られる寿司屋さんです。それを地味にSNSにアップしていたんです」

単に「おいしい」ではなく、房総半島の海流で育まれた魚の肉質などについて言及した。

「オッサンが『おいしい』『デカくてヤバい』という投稿をしたら、お寒いでしょ。それに自分も知りたいから、大将にいろいろ聞いてしまった。みんな仕事についてのことは気持ちよく話してくれるんですよ」

情報量が多い投稿は、当然、多くの人から「いいね」を集める。繰り返し述べてきたように、SNSは沼を深める重要な装置だ。

「SNSの友達が、鉄道や歴史、文学作品などをからめた寿司の解説に反応してくれたんです。さらに調べきれなかった新知識をコメントで入れてくれる人もいた。そういう友達がいる自分のことも好きになりました」

飲食店の紹介サイトに対するアンチテーゼも含まれていた。

「巨大サイトは、皮肉屋と食の経験が少ない人が『コスパ』をクローズアップして投稿しているものが多い。だから、わざと評価が低い店に行った。その寿司×土地の魅力を友達が300人もいない自分のSNSで紹介していました」

●時間と金を使ったからこその感動

そんな投稿があっという間に「いいね」が100を超える。これにはまった男性は、ある寿司店で衝撃的な体験をする。

「その寿司屋は日本橋にあるのですが、予約を取るのも大変で、寿司仲間から誘ってもらって、行くことができました。そこの寿司屋は明らかにほかを圧倒していた。寿司って味の違いが判るまで味覚を育てるとわかることがある。70店舗以上を回り、200万円程度を突っ込んだからこそ、得られた感動でした」

感動を与えられる寿司店は、今や1人4〜7万円はする。そして、その職人は寿司の腕だけではなく、人間的にも深く、おもしろい人が多い。独自の美意識を持っている人もおり、見た目が芸術的な寿司が味わえる。

また、寿司店は劇場だ。大将が監督する舞台のようなものだという。

「あのライブ感、あの呼吸、あれは高級寿司店でないと味わえない」

感動する寿司店に出会えば、その大将に興味が湧く。その人が修業した店に行き、本家や兄弟子や弟弟子などが握る寿司を食べ比べる。

そして、魚はどの仲買人から買っているか、どの季節にどこの魚を入れているかなどにも興味が引かれていく。

いい魚は特定の漁師が獲っていたり、養殖業者が特別な方法で育てていることもある。同じ海で育てていても、その方法が違うと、味は劇的に変わる。

「酢や醤油、砂糖などの調味料にも興味を持ち、『どこのを使っているんだろう』とゴミ箱をチェックしたこともありました。寿司屋はもちろん、好きな飲食店の裏口のゴミ漁りは僕の趣味」

それらの知識と経験が有機的に結びつき、「さらに知りたい」と世界を深めていった。

気づけば、借金をしてまで寿司を食べるようになっていた。

「給料は悪くはないのに、すっからかん。寿司屋は現金払いのところが多く、キャッシングしてまで寿司屋に行こうとしている自分のヤバさに気付いて、寿司沼から脱却しました」

東京のグルメに金額の天井はない。気が付けば10万円の寿司を「安い」と感じていることもあったという。

「あの予約困難店に行った、という実績がステイタスになる。誘われるまま応じていたら破産するところでした」

寿司を例に出したが、中華料理、フレンチから、立ち食いそば店まで、あらゆる料理についても同様のことが言える。

「物事を有機的に体系化する」訓練をしている人々は、沼にはまりやすい。

フレンチ沼にはまった38歳の男性は料理のみならず、ワイン沼にも入る。金銭感覚が変わり、今では、1食5～10万円でも「安い」と思うそうだ。

またこの人は、食材の奥深さにもはまった。シェフと一緒にジビエをハンティングするために、狩猟免許と罠猟の免許を取得したという。

「全額持ち出しの趣味ですよ。貯金ゼロですが、ホントに毎日が楽しい」と笑う。

収入にも仕事にも余裕が生まれてきた30代に何らかの沼にはまると、結婚どころではなくなる。家族に使う時間と金は、自分の沼に突っ込む。

沼にはまった人々には、家族や友達ほど密接ではないにせよ、お互いを尊敬したり教え合ったりする穏やかで緩やかな連帯感がある。趣味を通じて人となりはわかってきて、粗暴な振る舞いをする人や、相手への敬意を欠く人は、コミュニティから自然と外されていく。

物事を体系化する術を知らない人がはまる沼

沼には「刹那の快楽」を追い求めるタイプもある。例えば、酔うためだけの酒、ホスト、キャバクラ、SNS、オンラインゲーム、薬物、不倫、浮気などだ。

これらは、知識や経験を体系化する要素が少なく、現実世界を生きる自分自身への蓄積要素は少ない。それだけでなく、自分を傷つけたり相手を傷つけたりする恐れもある。そして、自分を制御できなくなり、依存症という地獄の釜の蓋が開くことがある。

これらの沼にはまる人に共通しているのは、「現実への不満が大きいこと」だ。評価されない会社員、「私ばかりが損をしている」と感じている主婦（夫）、自分に自信がない大学生、いつも他人と比べて劣等感を抱え続ける人々など。

不満と不安を抱えながら生きていると、先が見えないことによるストレスを抱える。その正体がわからないから、目の前の楽しいことや快楽を提供する何かにはまってしまい、抜け出せなくなる。

同じような状況の仲間がいれば、共同体の一員としてグリップされる。

32歳の派遣社員女性は、オンラインゲームの沼にはまり、200万円以上課金、徹夜も辞さずにゲームにはまり切っている。

「今、私が抜けたらメンバーに迷惑がかかるから、マジヤバイ」と言っていた。

そして、生活を支える仕事は疎かになり、上司から叱責される。同じようなミスを重ねれば「デキない人」というレッテルを貼られるのがこの世の常だ。

「職場では、毎日観察されているようで視線が痛いですよ。なんでダメなんだろうな～って思うこともあるけれど、仕方ないじゃないですか。できないものは、できないし」

人から認めてもらえないだけでなく、構ってもらえず、真剣に叱ってももらえない職場で仕事をし続けると、心に空洞が開く。そこに自分を頼ってくれる人がいるオンラインゲームがピタリとはまったのだ。

これらの沼は、本人も心のどこかで愚行とわかっている。対象に触れている間は、ひたすら気持ちよく、激しい衝動と使命感が湧いてくる。そして、何かの目的を達成したときは恍惚状態になる。

しかし、そういう自分を客観的に観察することができなかったり、周囲に認めてくれる人がいなかったりすると、沼に引きずり込まれていく。

●語彙の少なさが表すもの

もうひとつ、そういう人々と話していて気付いたことは、語彙が少ないことだ。状況を説明してもらおうと質問すると、「マジすごい」「ヤバい」「かわいい」「イケてる」「殺す」「キモイ」のほかに、擬音を多用して解説する。

例えば、不倫を繰り返している25歳の無職の女性に彼（既婚者・38歳）の印象を質問した。

「イケメンなんですけど、顔がくしゃっとして、髪がもふもふでかわいいんです。ちょいぽちゃなので、全体的にふわっとしている感じ。でも土日は家族と一緒なんですよ。やっぱさみしいし、もやもやするけど、それを言ってカマチョ（構って欲しい人）と思われたらヤバいので」

自分の感情や不安の正体を、的確に言葉にすれば、輪郭がくっきりしてきて、対応が見えてくるはずなのに、それができない。

職場で周囲の人から認められなければ、転職したり資格を取ったりすればいい。パートナーから愛されていないかもしれないと不安になったら、一度距離を置いて相手との関係を観察し、今後の対策を考えればいい。

不安の輪郭を曖昧なままにしていると、それは大きくなっていく。それと同時に心の空洞は広がっていくのだ。

終わりがある沼

沼には終わりがない。特にダイエット、美容整形、筋トレは際限がない。沼にはまるうちに命を落としてしまう人もいる。

その一方で「終わりがある沼」も存在する。その代表格は家にモノを置かないミニマリスト沼だ。

43歳の会社員女性は、コロナ禍にモノだらけの自宅に嫌気がさし、ほとんどを処分してしまった。残したのは、鍋、皿、茶わんとお椀がひとつずつ。冷蔵庫、洗濯機、エアコン、PC、スマホ、カーテン、布団一組、服20枚、靴3足程度だったという。

「終の棲家として5年前に購入した41平米のマンションは、気が付けば足の踏み場もないほどモノだらけだったんです。使いもしない、使う予定もないモノに囲まれて生きていると、息が詰まる。そこで思い切ってすべてを処分することにしました」

ブランドの靴、バッグ、服などはタグも箱も袋も保管していたので、全部売ったら200万円になった。台所でホコリをかぶっていたレシピ本は100冊、使っていないブランド鍋は10個もあった。ワインセラーには飲む予定がないワインが入っており、セラーごと売ったら50万円になった。漫画、CD、作家物の食器、家電なども全部売ってしまった。

「ウクレレ、ギター、ホームエステなど、なんでウチにあるのかわからないものもありました。そうだ、ご当地キティちゃんの耳かきが50本以上もあったんです。これは元カレと集めたもので、いい思い出もなかった。写真もメイク道具も一切合切を捨てました」

モノの量があまりにも多いので、処分には1カ月以上かかった。捨てているときはひたすら高揚していたという。

「モノって念がこもっている。捨てられなかったモノたちを、迷うことなくゴミ袋に入れていく。夢中になっていたので、ドーパミンが出ていたと思う。モノを捨てるって気持ちいいんですよ。心にこびりついた未練や、モノに託した希望という執着を捨てることでもあるから。私、ミシンを持っていたんですが、これはいつか生まれる子供のために持ち続けていたものですから」

結果、床の面積が広くなり、自宅は快適になった。これ以上捨てるものがないのだから、それ以上やりようがないのだ。

「3カ月くらいは快適だったのですが、だんだんさみしくなってきて、観葉植物やルームライトを購入しました。あれから1年以上、ミニマリストは維持できています」

教育沼という呪い

もうひとつ、終わりがあるのは子供の教育沼だ。小学校、中学校、高校、大学と、我が子を「よりよい」学校に入れるための挑戦は、12年間で4回しかない。小学校受験の一回戦で勝てばいいが、そこで負けると先は長くハードルも高くなる。

40歳の会社役員の男性は、「息子を自分の母校の小学校に入れるのに、2歳から受験対策を始めた。1000万円以上かけたが不合格だった」と語っていた。

小学校受験は「親子の受験」と言われている。

私立小学校の教師（女性・38歳）に受験の合否はどこで決まるかを聞くと、「聡明ないい子。でも、会社の面接と同じで、ウチに合うかどうか」と答えてくれた。

言われてみればその通りだ。人気の小学校の倍率は、10倍を軽く超える。その中から最適な親子だけを残し、後はふるい落とすために試験はある。

ここでの「最適」とは、基礎学力があり、学校の文化を理解し、学校の言うことを的確に理解・判断し実行し、金を払い続ける親子のことだろう。学校側も受験にはコストがかかっている。中退者の数はできるだけ抑えたい。欲を言えば、学校の将来に貢献する人物が欲しい。

つまり正解がない。だから、沼は深くなる。より実績がある教室に行き、仕事やプライベートの時間を削って小学校受験にぶつける。

具体的な内容として、まずは幼児教室に通う。ここで同年代の友達と遊びながら、「受験的に正しい」コミュニケーションや協調性を身につけていく。

そして、筆記試験（読まれた話に合う解答を選ぶ国語の問題。数や図形の問題。季節や日本文化を含む常識を問う問題）や、絵、運動、面接の対策をする。いずれも記憶力よりも思考力を問われる。

これに加えて、「行動観察」という試験もある。これは、他人と協調しながらも、指導官の指示を理解し行動する訓練を積まねばならない。これは教室内だけではなく、家庭の中でもルールを決めて毎日それを守ることが必須だという。

いずれも未就学児にも、その親にも厳しい内容だ。その人の「性分」のようなものを見られるので、点数を取ればいい中学以降の受験とは異なり、努力が結果に結びつかないこともある。

前出の男性は、「見栄よりも、我が子を公立小学校に入れたくないという思いが強かった。公立小学校の教師には能力にばらつきがある人が多く、人間的に問題がある人も多いように感じる。生徒の属性もピンキリで、似たような家庭環境で育った子供たちと生活をさせたかった」と語っていた。

彼は「次は中学受験です。息子もこの失敗を悔しがっており、きっと結果を出してくれるはずだと思っています」と語っていた。

自分のために頑張ってくれた親が、自分の不合格のせいでがっかりしている。その姿を息子はどんな思いで見つめているのだろうか。

ほかにも、教育沼にはまった人の多くは「我が子を思う愛情があるからこそ、自分は頑張れる。そして子供はそれに応えてくれる」と語る。

この場合の愛情は支配であり、呪いではないかと感じることもある。いい学校の合格に固執してしまうと、視野が狭くなる。

人生は水平に広く、垂直に深い。いい学校に入れたからといって、その子が幸福になるかどうかは終わってみないとわからない。

合否に必死になる親子を前に、そんな意地悪な思いが頭をよぎる。

他人を支配する沼

他人を支配する沼もある。自分の正義を疑わず、その価値観を他者に押し付けて、カタルシスや快楽を得るのだ。

これは、政治、宗教、反ワクチン、新型コロナウイルス感染対策、自然食、ヴィーガン、ネットの誹謗中傷など多岐にわたる。

特に最近、問題になっているのは、ネットの誹謗中傷沼だろう。75歳の女性は「45歳の娘が、同級生でママになった人のSNSに誹謗中傷の書き込みをしており、名誉毀損と侮辱で200万円の慰謝料を請求されたんです」と語る。

誹謗中傷というのは、「怒り」がエネルギーだ。著名人ならば、「テレビやネットでの言動に違和感があった」「不倫など反道徳的な行為が許せない」などの理由から、容姿や出自を悪しざまに罵ったり、「死ね」「消えろ」などと攻撃したり、根も葉もない噂話を拡散したりする。

この女性の娘は、同級生の一般人の女性に対して、「昔はビッチ」「ヤリマン」「援助交際していたお金で建てた家ですよね」など、根も葉もないことを書き込んでいたという。

「結婚もせず、仕事もろくにしていないのに、ネット上で誹謗中傷なんてして……。本当に私は娘が恥ずかしい。娘が誹謗中傷していた相手は、学生時代から本当にいい子なんです。愛想がよくて、仕事しながら3人の子育てを一生懸命やって、私はあんな娘がよかった」

親子関係が沼に関わっていることが多いとはすでに述べた。この45歳の娘は、不倫しているタレントにも根も葉もない噂を書き込んでいた。


「今、ネットの書き込みに対して、民事訴訟が起こっているでしょう。タレントさんなんて、注目されることも仕事じゃない？　有名税のひとつなのにね」

親をはじめ、身近にいる人の考え方や思考も、沼を構成する要素なのだ。

沼と上手に付き合う方法

これまで沼にはまる多くの人々の独白や相談を聞いてきたなかで、沼から依存症に移行しないためのアドバイスを求められることがあった。

依存症の領域まで行ってしまうと、社会生活が破綻（離婚、懲戒解雇、犯罪など）し、心身の健康を害し、自立した生活を送れなくなってしまう。

アドバイスを求めるのは沼にはまりながらも客観的に自分を観察し「このままではなんとなくヤバいな」と感じているからだろう。その不安の正体を具体的に言語化して他人に伝えると、現在の自分の状況がわかるようになる。

沼にはまっている人の多くは、自分を見失っている。そうなると、自分の持っているモノを際限なく対象に差し出してしまう。

そんなときに有効なのは、貯金残高や収入を紙に書き出すことだ。これでかなり冷静になれる。

また、仕事などを犠牲にしてまで、「どうしてもやりたい」と思ったときに、「SNSにアップできなくても、それをやる？」と自問自答することを提案している。

沼は評価依存と結びついていることが多い。SNSにアップして、多くの人から「いいね」をもらえる可能性があるから、何を差し置いてもやりたくなってしまうのだ。

米国のマーケティング作家アダム・オルターの著書に『僕らはそれに抵抗できない』（上原裕美子訳／ダイヤモンド社）がある。これは依存症ビジネスを扱っており、行動嗜癖には6つの要素があると解説する。

- 目標：ちょっと手を伸ばせば届きそうな魅力的な目標があること。
- フィードバック：抵抗しづらく、また予測できないランダムな頻度で、報われる感覚（正のフィードバック）があること。
- 進歩の実感：段階的に進歩・向上していく感覚があること。

●難易度のエスカレート：徐々に難易度を増していくタスクがあること。
●クリフハンガー：解消したいが解消されていない緊張感があること。
●社会的相互作用：強い社会的な結びつきがあること。

SNSはこのすべてを備え、増幅する装置だ。

SNSに上げるために何らかの行動を行うなら、人生がそれに飲み込まれていることでもある。何か行動を起こす前に、「SNSにアップできなくても、それをやる？」と自問自答する習慣をつけると、自分は何が好きで、何を求めて生きているのかわかってくる。

鏡を見ながら自分を褒める

自分に空洞があいたような感覚があり、それを埋めるように沼にはまっている人には、鏡を見ながら、自分を褒めることを提案している。

鏡を見るとまず欠点が目についても、それを賞賛の言葉に変換し、口に出してべた褒めするのだ。

例えば、たるんだ肌が気になったら、「いい感じに年を重ねていて、生きてきた道が表れている。とても素敵だよ」などなど。これを毎日繰り返していると、10日間くらいで気持ちがフッと軽くなってくる。そのうちに、自分を客観視できるようになり、沼を楽しめるようになってくるのだ。

己を知り、受け入れることで沼と上手に付き合えるようになる。

人生でどうしてもやりたいこと、やりたくないこと

これからの人生でどうしてもやりたいことと、やりたくないことをそれぞれ10個書くことも有効だ。これは単独で書き出すことは難しく、1時間程度をかけて書き出しを手伝ったこともある。

ちなみに、どうしてもやりたいことで多いのは、結婚、恋愛、おいしいものを食べる、（親や恩人に）恩返しをする、ペットを飼う、転職、料理の腕を磨く、〇〇（旅先）へ行く、家を買う、部屋をかたづけるなどが多い。

やりたくないことは、営業、勧誘、束縛する・される、ずっと独身、不健康、人の機嫌を伺う、我慢、徹夜などが多かった。

これらを意識し、やりたいこと、やりたくないことに則って生きていると、自ずと沼とのいい距離感が生まれてくる。

つまり、沼とは自分がなんたるかわかっていないから、はまってしまうものなのではないか。違う自分になるために、新たな世界を見るために、入った世界が沼だったということは多々ある。

そこに飲み込まれるか、上手に付き合うかは、あなた次第なのだ。

あとがき

沼にはまる人々のインタビューは、「ついで」に行われたものがほとんどだ。本題は別にあり、その話が終わったところで、「最近、はまっていることはなんですか？」と質問して、出てきた事象をまとめている。

人の沼体験を聞き続けて感じたことは、「私の人生はつまらない」ということだった。可もなく不可もない容姿に生まれ、それなりに要領がいいため、人生に大きな波風もなく、深いコンプレックスもない。金に困ったこともない。

スポーツや楽器演奏などにも幼いころから全く興味がない。我を忘れて夢中になることもなく、何かを極めることもなく、日々の生活と締め切りに追われて、昨日と同じ今日を過ごし続けて46年の歳月を過ごしてしまった。

そんな私にとって、沼にはまる人は輝いていた。

「あの人に会ったとき、心臓が苦しくなるほどドキドキした」

「一生、好きだと強く感じたんです」

「このためなら、死んでもいい」

そう言い切る人々の、まばゆい光は私を魅了した。それと同時に負のスパイラルから抜けようとしない人が持つ、無鉄砲さや先が見えない昏さはブラックホールのような吸引力を持っていた。

睡眠薬、仕事逃避、アルコール、買い物……破滅が待っているのだからやめればいいのに、と思っても自制ができない。そして、自分がどこにいるのかわからなくなる。心地いいのに辛い……相反する極端な要素を内包しているのが沼の本質なのかもしれない。

本書の制作にあたり、ポプラ社一般書企画編集部の碇耕一さん、秦まゆなさんの両氏には言葉に尽くせないほどお世話になった。私はかなり遅筆ゆえに、多大なご迷惑をおかけしたことをお詫びする。

このあとがきも締め切りから大幅に遅れている。これを書きながら、「逃避して、沼にはまる人のインタビューがしたい」と強く思った。私がはまった沼は、沼にはまる人を取材することなのかもしれない。

沢木 文
さわき・あや
1976年東京都足立区生まれ。大学在学中よりファッション雑誌の編集に携わる。ブランドと外見が至上とされる価値観に疑問を持ち、「幸福、自由、欲、富、快楽のゴールはどこにあるのか」をテーマに取材活動を行う。担当する特集で、お金、恋愛、結婚、出産、教育などを深堀りし続けている。著書に『貧困女子のリアル』『不倫女子のリアル』(ともに小学館新書)がある。連載に、Webサイト『FRaU』(講談社)、『Domani』(小学館)、教育情報メディア『みんなの教育技術』(小学館)などがある。『東洋経済オンライン』(東洋経済新報社)、『女性セブン』(小学館)、『週刊朝日』(朝日新聞出版)などに寄稿している。

カバーデザイン　bookwall
イラスト　ヤギワタル
編集協力　秦まゆな

ポプラ新書
231
沼にはまる人々
2022年11月7日 第1刷発行

著者
沢木 文
発行者
千葉 均
編集
碇 耕一
発行所
株式会社 ポプラ社
〒102-8519 東京都千代田区麹町 4-2-6
一般書ホームページ www.webasta.jp
ブックデザイン
鈴木成一デザイン室
印刷・製本
図書印刷株式会社

N.D.C.360/286P/18cm ISBN978-4-591-17540-8

P8201231

生きるとは共に未来を語ること　共に希望を語ること

昭和二十二年、ポプラ社は、戦後の荒廃した東京の焼け跡を目のあたりにし、次の世代の日本を創るべき子どもたちが、ポプラ（白楊）の樹のように、まっすぐにすくすくと成長することを願って、児童図書専門出版社として創業いたしました。

創業以来、すでに六十六年の歳月が経ち、何人たりとも予測できない不透明な世界が出現してしまいました。

この未曾有の混迷と閉塞感におおいつくされた日本の現状を鑑みるにつけ、私どもは出版人としていかなる国家像、いかなる日本人像、そしてグローバル化しボーダレス化した世界的状況の裡で、いかなる人類像を創造しなければならないかという、大命題に応えるべく、強靭な志をもち、共に未来を語り共に希望を語りあえる状況を創ることこそ、私どもに課せられた最大の使命だと考えます。

ポプラ社は創業の原点にもどり、人々がすこやかにすくすくと、生きる喜びを感じられる世界を実現させることに希いと祈りをこめて、ここにポプラ新書を創刊するものです。

未来への挑戦！

平成二十五年　九月吉日　　株式会社ポプラ社